U0691503

产教融合下高校人才培养模式探析

邹　林　刘彦哲　李安迪◎著

中国出版集团　现代出版社

图书在版编目（ＣＩＰ）数据

产教融合下高校人才培养模式探析 / 邹林，刘彦哲，李安迪著. -- 北京 ：现代出版社，2023.11
ISBN 978-7-5231-0579-5

Ⅰ. ①产⋯ Ⅱ. ①邹⋯ ②刘⋯ ③李⋯ Ⅲ. ①高等学校－产学合作－人才培养－培养模式－研究－中国 Ⅳ. ①G649.2

中国国家版本馆CIP数据核字(2023)第190012号

著　者	邹　林　刘彦哲　李安迪	
责任编辑	谢　惠	

出 版 人	乔先彪
出版发行	现代出版社
地　　址	北京市安定门外安华里504号
邮政编码	100011
电　　话	(010) 64267325
传　　真	(010) 64245264
网　　址	www.1980xd.com
印　　刷	北京四海锦诚印刷技术有限公司
开　　本	787mm×1092mm　1/16
印　　张	10.25
字　　数	208千字
版　　次	2024年4月第1版　2024年4月第1次印刷
书　　号	ISBN 978-7-5231-0579-5
定　　价	58.00元

前　言

随着中国经济快速发展和产业结构不断优化，高等教育面临着新的挑战和机遇。在这种背景下，产教融合成为高校人才培养模式中的一个重要方向和发展趋势。产教融合的理念是将教育和产业紧密结合，通过工业界和学界的合作，为学生提供更具实践性和职业导向的培养，这种模式旨在增加学生的实践经验、职业技能和创新意识，使他们能更好地适应不断变化的社会需求。

鉴于此，笔者写作了《产教融合下高校人才培养模式探析》一书。首先，从产教融合的内涵与特点、产教融合的理论与功能作用、产教融合的发展与影响因素不同方面切入，探讨产教融合的基本理论，并对产教融合的路径选择与优化进行深入分析；其次，详细论述了产教融合下的高校人才培养策略；最后，围绕产教融合下高校双师型人才培养模式、产教融合下高校创新型人才培养模式、产教融合下高校应用型人才培养模式进行研究。

本书主要有以下特点。

第一，突破传统学科界限。传统的高校人才培养模式往往注重单一学科的知识传授和培养，而产教融合模式通过与产业界的合作，打破了学科之间的壁垒，在跨学科的合作中提供全方位、多角度的学习机会，使学生能够更好地理解和应用知识。

第二，注重实践能力培养。产教融合模式强调学生的实践能力培养，通过与企业和产业界的合作项目、实习实训等实践活动，提供真实的工作环境和项目挑战，使学生能够在实践中提升解决问题的能力、团队合作能力和创新意识。

第三，强调职业导向和就业能力培养。产教融合模式紧密结合实际就业需求，注重培养学生的职业能力和就业竞争力。通过与企业合作，学生能够更好地了解行业发展趋势、职业要求和岗位需求，提前适应职场环境，增加就业机会和职业发展空间。

第四，推动产业升级和创新发展。产教融合模式将高校与企业紧密联系起来，促进双方资源的共享和优势互补。高校通过与企业的合作，能够更好地了解产业的需求和发展动态，加强学科研究与实际应用的结合，为产业的创新和升级提供科技支持和人才支持。

本书在写作时参考了许多相关专家的研究文献，也得到了许多专家和老师的帮助，在此真诚地表示感谢。虽然在成书过程中笔者翻阅了无数资料，进行了多次修改与校验，但限于笔者水平，书中难免会有疏漏，恳请广大读者批评指正。

目　录

第一章 产教融合的基本理论审视

第一节 产教融合的内涵与特点分析

一、产教融合的内涵界定

产教融合作为一个新出现的相关构想，最早由高等职业院校提出，并且由高等职业院校根据其人才培养特点提出，现在已经扩展到各个层次的教育之中。例如，江苏无锡市技工学校是最先提出产教融合的典型代表，之所以提出产教融合与学校自身的发展探索密不可分，在办学过程中结合人才培养的特殊性和时效性，学校对已有的教学方案和人才培养进行了专门的改革，希望寻求与生产实习紧密结合的产品，以提高学生产教融合的水平意识、产品意识、时间观念及动手能力。这是职业教育第一次提出产教融合这一全新的相关构想。产教融合符合时代发展要求和人才培养要求，已经逐渐成为各个层次人才培养中的重要环节。

产教融合的相关构想是一个从无到有、从模糊到具体的过程，这符合事物发展的一般规律，更符合教育发展的规律。在教育体系中，产教融合的两个主体是学校与产业行业，通过"产—学—研"一体化的深度合作，可以提高人才培养的产教融合水平，从而实现双赢。在传统的人才培养中，学校也非常重视校企之间的合作与协同培养，但是校企合作的层次有限，无法实现深度的人才培养和发展。

产教融合与校企合作的最大区别主要在于双方合作的程度。产教融合的形式多种多样，最核心的是双方要形成稳定、高效、深层次的合作关系，通过提升人才培养的产教融合的水平促进企业发展和办学实力的提升。有的产教融合助推校企双方建立新的实体创新人才培养模式，也有的产教融合侧重研发和学术升级，不论哪种形式的产教融合，最终都会提升学生的个人素养和就业能力。企业也因此获得了更多宝贵的人才，缩短了人才与企业之间的磨合期，最终所能产生的连锁效应会不断助推区域经济向前发展，从而实现共赢。产教融合让越来越多的用人单位和学校看到了机会和希望，也愿意参与其中。因此，产教融合的发展也逐渐进入了快车道。

传统的产教融合，指的是职业院校把所开设的专业进行社会主义市场经济产业化发展，把产业发展的经验和技术引入教学之中，通过产业与教学之间的融会贯通强化学校和企业之间的合作关系，从而优化传统的办学模式。职业院校的产教融合进行得彻底和全面，容易获得企业的认同。虽然职业院校在产教融合方面取得了比较好的成绩，但是不同地区、不同类型的职业院校存在着比较大的差异。经过长时间探索，不同地区学校也探索出了丰富的产教融合经验，这些经验具有比较强的地方性和产业性。

产教融合对于学生、学校、产业和社会来说是一个多方共赢的机制，尤其是对于学生而言，既能够提升专业能力，又能够为以后立足社会提供保障。传统的职业院校虽然给学生提供了实习的条件和场所，但是由于各种条件的限制，导致了实习缺乏针对性和激励性。产教融合中有大量的实习、实践机会，而且这种实践是经过专门设计的、有针对性的，是与在校期间所学知识融会贯通的实践。传统的职业院校学生实践比较缺乏针对性，学生所学与所用之间无法更好地实现无缝对接，而产教融合能够弥补传统实践存在的问题。

产教融合的学生实践就是把课堂所学到的知识应用到实践之中，在课程设计上就存在着对应性，这是一个很好的现象。产教融合会涉及每一门课程，从专业培养目标入手，学校与企业在充分合作的基础上共同制定培养目标以及课程标准。所涉及的骨干课程均是理论与实践的高度结合，这就可以让学生带着问题学知识，并且在实践中解决问题，形成一个遇到问题、解决问题的良性循环。通过产教融合培养出来的学生，在动手能力和解决问题的能力方面具有更强的优势，他们可以更加灵活地对问题进行分析，并且选择合理的方式进行解决。这种人才培养模式的改变还在很大程度上改善了学生的世界观、人生观和价值观，从而培养出更多能够为建设社会主义服务的优秀人才。此外，产教融合还会激发出学生创造、创新的愿望和热情，激励他们在实践中不断探索、不断创新，而这种创新意识、创新能力、创新人才的培养正是我们职业教育的办学方向。

产教融合不仅可以让企业参与其中，而有条件的学校也可以自己创办企业，以学生为主体进行发展；学生在整个过程中可以取得一定的报酬，这客观上也为学生工读结合、勤工俭学创造了条件。产教融合在更大层面上能够为助推地方经济发展提供专门的服务，因为职业院校多为地方性的，最主要的作用就是服务于地方经济发展。当前，职业教育是以就业为导向的教育，主要以培养技能型人才为主要目标。在社会主义市场经济制度之下技能型人才的特点非常明显，培养的是生产、建设、管理和服务第一线需要的高技能人才。

这类人才具有鲜明的职业性、技能性、实用性等岗位特点，属于工作在第一线，懂技术、会操作、能管理的技术员。

产教融合的重要参与对象是企业，在融合的过程中要格外注重对企业需求的满足。只有充分调动企业的积极性和资源，才能实现产教融合效果的最大化。据调研显示，当前进行产教融合的企业多数为生产制造型企业。这对学校提出了新的要求，学校也应针对企业所需的产品与技术进行开发，以实现学校培养人才、研发产品和技术服务三大功能。为使企业需求与学校教学无缝衔接，与技术发展方向合拍，就必须依靠和吸收企业技术骨干、专家学者参与培养目标的研讨、教学计划的制订。

产教融合的基础是"产"，即必须以真实的产品生产为前提。在这样的基础和氛围中进行专业实践教学，学生才能学到真本领，教师才能教出真水平。这样的"产"不能是单纯的工厂生产，必须与教学紧密结合，其目的是"教"，在产教融合比较成熟的情况下，再逐步向"产—学—研"发展。学校真正形成了"产—学—研"的能力，职业学校适应了市场的需要，形成的发展能力就落到了实处，做强做优也就有了基础。

二、产教融合的特点分析

社会的发展变化，体现在政治、经济及思想文化的全面发展上。随着社会主义市场经济产业结构的不断变化发展，产教融合也需要根据市场需求不断调整，具体表现为行业、产业、院校等多个主体动态融合的特点。具体如下。

（一）高层次立体式的融合特点

现代社会对个性化发展的需求越来越突出，市场经济追求多元化的同时也推动了产业类型的多样化，企业对多元化、综合能力突出的人才的需求量上升，这就要求职业院校健全以需求为导向的人才培养结构。产教融合全方位服务社会的目标要求这种融合不应是单一的合作，而应是更高层次、纵深化、立体化的产教融合。区别于传统校企合作低层次、平面的融合形式，产教融合打破单一或双向合作的形式，促进了教育链、人才链与产业链、创新链的有机衔接。立体式融合后的职业教育体系囊括了生产、教学和科研的特色，在自身成为生产主体的同时，还联动企业直接创造了经济效益；在培养大批产业发展需要的技术人才同时，还为产业的可持续发展提供了智力支持。

基于市场对可持续发展人才的需求，职业院校需要强化就业市场对人才供给的有效调节，产教融合的形式就能很好地促进市场机制发挥出非基本公共教育资源的作用。企业需求的人才类型为学校培养方向提供指引的同时，学校输送给企业满意的人才也促进了企业经济效益的提高；产教融合组织内部开展的基础研究、应用研究等，为产业发展提供了理论依据，为职业教育内容提供了前沿的信息资源，加速了行业的创新、教育的与时俱进。由此，企业、院校、科研三者的立体化融合形成了良性的循环体系，产生的合力会不断向外扩散，发挥积极的社会作用，而经济的发展、社会的进步和教育的全面提升相辅相成、互相促进。

（二）面向市场需求的融合特点

当前，在市场经济的产业化发展的大背景下，以某个行业、产业发展的需求为导向，以实现经济效益最大化为目标，依靠专业的人才团队提供服务，系列化、品牌化的经营模式逐步显现优势。这类组织的基本特点是：以市场需求比例为准，专业化高效生产，龙头企业与衍生产业配合等。遵循市场经济发展规律，建立灵活的专业预警和退出机制，引导职业院校及时调整设置雷同、就业连续不达标的专业或停止招生，最大化弥补产教融合运作机制中的不足。因此，社会主义市场经济背景下的产教融合是一种面向市场的融合。教学、科研、生产三个主体深度融合，发挥着各自优势。它们有分工也有联合，以最佳组合形式投入生产，从而产生最大的经济效益，营造了良好的市场环境和前景；企业品牌的建立也使其在市场竞争中脱颖而出，产业化的发展衍生出的与其他项目的深入合作，也使得整个市场更加井然有序。

（三）以企业需求为出发点的融合特点

纵观我国教育发展历程，培养人才一直是教育发展的一大目标。产教融合模式更是强调职业教育要从企业的需求出发，"引企入教"，促进企业深度参与职业院校的专业规划、教材开发、教学设计、课程设计、实习实训，使企业最大化地融入人才培养的环节。我国传统的职业教育忽视了市场这一"晴雨表"，没有找到企业与院校合作共赢的路径，违反了教育产业化发展的规律，必将被市场所抛弃。以企业需求为出发点的产教融合，以社会、企业、学校等合作主体的需求为前提，时刻关注市场供求变化，以企业为主体推动协同创新和成果转化，不断调整，不断更新，以寻求各主体的发展平衡点。这样就更明确了各主体合作的方向，强化了合作各方的积极性、引领性。

（四）多主体管理式的融合特点

在产教融合发展模式中，多主体管理是其一大特点，如何确立好各主体的地位尤其重要，也是为产教融合提供法治保障的前提。在以往的校企合作中，深度融合活动无法长久推进的关键原因是各个主体之间的权利与义务模糊，合作难以持久进行下去。但是，随着社会的进步和教育的发展，可以看到产教融合的主体正在发生变化，以院校为主体的传统模式逐渐消失，取而代之的是企业和行业的主体地位的强化，骨干企业的引领作用也在不断加强。我们应该认识到有效的产教融合是建立在社会、学校、企业等组织合理分工、共同管理、权责分明的前提之下，各主体在明确的权责范围内发挥着各自的优势，主人翁意识得以不断增强，核心企业的管理制度在对学校和其他合作单位进行规范的同时，也使得产教融合管理工作更加顺利地推进。

第二节　产教融合的理论与功能作用

一、产教融合的理论

（一）杜威——"从做中学"理论

美国著名教育学者、专家杜威在教学的过程中会把教学的过程看作是一个"做的过程"，并且强调人们"做"的兴趣和冲动都是以人为主体的，人们对知识经验的来源基本上基于主体与客体经验的总结。正是基于此，他强调学校在教育的过程中应该设置成类似于雏形社会的地方，即时开设好各类工厂、实验室、农场、厨房等，让学生能够在学校这个"小型社会"环境之中学习好自己感兴趣的专业和课程。为此，他还提出了在教学的过程中要安排和编创好实践生产场景的教学方式，即在场景教学之中，激发好学生的创造性思维，根据资料策略从场景活动中入手，解决好学生在场景活动中所遇见的问题。这就是杜威所提出来的"从做中学"的教学理论。

从杜威对整个教学的主张来看，他主张学生需要在学校里获得生活和工作中的全部知识。他的这种教学理论对当时社会教育来说具有很好的创新性，缺点是在其开展的过程中有一定的局限性。但在对地方工科院校产教融合培养实践型人力资源的研究中，产教的深度融合需要真正把产业与教学对接，强调了"做"与"学"相结合的重要性；工科型地方类院校在实践型人力资源的培养上要把理论与实际对接，加强实践、加强学生动手能力。杜威的"从做中学"理论贯彻了从做中学、从经验中学，要求以活动性、经验性的主动作业来取代传统书本式教材的统治地位。他的"从做中学"理论贯彻到我国的教育方面，将对我国教育中的管理理念、师生关系、教学方法、教学的评估方式等都具有非常深远的指导意义。

现代美国教育家杜威以"教育即生活""教育即生长""教育即经验的改造"为依据，对知与行的关系进行了论述，并提出了举世闻名的"从做中学"的理论。其理论实质就是要加强对学生实际操作能力的培养，培养学生探究和解决问题的能力，培养学生从事和适应实际工作的能力，这也是我国职业教育所需要的既定培养目标。杜威从他的哲学观——实用主义哲学观出发，主张"实用"，并把它引入教育，形成了实用主义教育哲学。他主张学生亲历探究过程，建立与真实世界的关系，实现学生从一个被动的观察者到一个积极的实践者的转化；学生通过自己的活动，逐步形成对世界的认识，充分体现学与做的结合。

杜威认为，人类获得解决问题的探究能力才是最重要的，而这种能力的培养应该通过科学方法的训练来获得。同时，杜威强调教学活动的要素与科学思维的要素应当相同，并由此提出了相应的"思维五步"或"问题五步"教学，具体包括：一是学生要有一个真实的经验情境，要有一个对活动本身感兴趣的连续的活动，即要有一个能实现"做"的情境；二是在这个情境内部产生一个真实的问题，并作为思维的刺激物，即要有一个可"做"的内容；三是学生要占有知识资料，从事必要的观察以对付这个问题，即要有一个实现"做"的必要支撑；四是学生必须负责一步一步地展开他所想出的解决问题的方法，即要有一个完整的"做"的过程；五是学生要有机会通过运用来检验他的想法，使这些想法意义明确，并且让他自己去发现它们是否有效，即有一个针对"做"的结果的检验。这里的"五步"教学表面上看完全是一个学生"做"的过程，但在"做"的过程中却是对"学"的积累。

职业教育旨在培养生产、服务与管理第一线的高素质技能型专门人才，就是在基层岗位和工作现场做实事、干实务、实践性很强的实用性人才，也就是专门面向"一线"的高等技术应用性专门人才。这种"一线人才"，不是单单依靠学历教育在学校里就能培养出来的，而是在生产和工作的实践中锻炼出来的。正是基于此，职业教育应更注重有效培养学生的职业能力，在教学过程中强调与实践相结合，实现学生的"做"，从而完成学生的"学"，以提高学生适应职业岗位能力的要求，缩短从学校教育到实际工作岗位的距离。

结合杜威的"思维五步"，不难看出"从做中学"理论在职业教育教学中的应用，具体体现在师生关系的准确定位以及教学方法的合理运用上。实施"从做中学"理论初期，常常会出现一个角色误区，认为教师是"做"的准备者，即为学生准备好所有资料和设备，而在学生真正"做"的时候，教师也不过是个旁观者。如果以这样的态度处理"从做中学"，其结果便是学生盲目地"做"，却谈不上"学"。强调"从做中学"的作用，主要有以下三个方面。

第一，为学生营造一个真实的经验情境，并提出一个能引发学生兴趣的问题。

第二，在学生实际"做"的过程中出现错误、疑惑、困难或有所发现、有争论时进行有目的、富于智慧的引导，当学生有操作经验之后进行提炼、总结等，否则学生的操作可能是无效或低效的。

第三，给学生创造一个可以检验其"做"的结果的机会。"从做中学"理论的中心是学习者本身，是学习者通过"做"形成"思"并最终实现"学"的过程，是学生通过自己的努力获取知识与培养能力的过程。在这个过程中，既少不了教师这根指挥棒的引导，更少不了学生自身的操作与思考，学生只有通过实际的动手与动脑，对问题进行分析处理，才能在"做"中体会知识的运用。

随着我国职业教育的发展，教学方法越来越注重实践性，强调与社会相结合，与用人单位的需求相结合，突出学生实际动手能力的培养。但是，无论采取怎样的教学方法，在其具体运用的时候依旧落点到"教与学"上。

传统观念认为，所谓"教"，就是教师站在讲台前，通过语言、行为，再配合教具、多媒体课件等手段展示教学内容，而"学"就是学生坐在教室里去听、去看、去写。在这个观念的理解中，处于关系上位的教师只有做出教授、告知的行为才是"教"，否则教师就会被认为是偷懒，不负责任。这是过于关注"教"的行为表现，至于教师"教"的行为对学生的"学"是否有实际的效果就不在研究范围了。但"从做中学"是对"教"的另一种更为人性化的诠释，"从做中学"绝不意味着让学生"做"就行，而是必须在教师指导下富有意义地"做"与"思"。这其实是把"教"的过程融入实际的情境中，教师在学生"做"的情境中教。要达成"做"以成"思"，"思"就要建立在平等与对等的关系上，同时平等的价值高于对等，没有平等就无法谈及对等，平等是对等的前提。

（二）陶行知——"教学做合一"理论

我国著名现代教育家、思想家、学者陶行知有美国留学的经历，在留学过程中师从杜威、克伯屈等美国最具影响力的教育学家。回国之后，他便积极地将其在美国所学习到的先进的教育思想与中国当时的国情结合起来进行教育工作。1926年，陶行知开创了自己的"生活教育"理论。陶行知提出了三大教育理论，即"生活即是教育""社会即是学校""教学做合一"的教育理论，而"生活即是教育"则是重中之重。陶行知的"生活教育"理论在当时中国社会的反传统与反对旧教育中具有非常重要的意义和作用。他的"教学做合一"理论深刻地批判了旧教育中存在的不足之处，同时给出了相应的具体解决问题的办法和方式。这种教学理念的改革和践行对于当时的社会来说具有非常好的作用。同时，他还强调，教学应该同实际的生活方式结合起来，这就需要教师运用好新的教学方式，根据"学"的方法来进行教学。教与学都应该以"做"为中心，"做"才能够让学生们获得全面的知识能力。

陶行知的理论基础，在以市场需求为导向的产教融合培养学生的模式下同样适用。"生活即教育"用五个字明晰地体现出了知识结构与市场以及社会发展同步的理念。对于当今部分地方工科院校的应届毕业生出现综合素质能力较低、职业意识缺乏、动手能力比较差的现象，其解决办法是：在借鉴陶行知先生理论基础之上，使学校所传授的知识能够适应社会经济发展的需求。

"生活即教育""社会即学校"和"教学做合一"是陶行知"生活教育"理论的三个基本命题，但研究者对这三个命题的历史流变一直缺乏较为系统的研究。作为"生活教育"理论的方法论，"教学做合一"在"生活教育"理论体系中居于重要位置。本书试图在教学方法层面，对"教学做合一"进行述评，以期更好地还原和借鉴这一理论。

（三）福斯特——"产学合作"理论

英国著名学者、教育家福斯特在现代产学合作中具有非常重要的代表价值，他的"产学合作"理论对教育界的发展来说具有很高的战略性。福斯特认为，当前许多职业教育计划之所以难以实现是因为受训者缺乏必要的基础理论知识与基础技能知识。他认为，在产学合作的过程中应该首先从课程职业化设计出发，以理论基础为切入点，最终搭建就业化平台。同时，职业院校中级、低级人才的培养应该注重走产学融合的道路。正是基于此，学校在开展各种职业培训计划的过程中应该从三个方面进行培养和改造：一是要控制好地方工科院校发展的规模，在拓展学生能力的基础上结合社会经济发展的现实状况；二是要改革好地方工科院校的课程内容，多设置一些工读交替的"三明治"课程；三是要控制好地方工科院校中生源的比例，尽可能地让在职人员成为地方工科院校生源的主要来源渠道之一。福斯特"产学合作"的理论对包括中国在内的发展中国家的职业教育具有很好的借鉴作用。

福斯特是当今国际职业教育理论界深具影响力的著名学者，多年来致力于职业教育理论的研究。他早年毕业于伦敦大学经济学院，担任过美国芝加哥大学教育学和社会学教授、比较教育中心主任；澳大利亚麦夸里大学教育学教授兼院长；美国纽约州立大学教育学和社会学教授。福斯特以他的《发展规划中的职业学校谬误》一文而闻名于世，其许多关于职教发展的重要思想即包含在此文中。福斯特职教思想的许多观点被世界银行借鉴，成为当今指导各国职业教育发展政策性文件的重要组成部分。

20世纪60年代，正是西方"发展经济学"盛行时期，这一理论提出：发展中国家的经济增长"可以让政府去发挥主要作用"，可采用"集中的、非面向市场的计划模式"。受其影响，当时教育理论界有人提出了"人力资源说"，即主张学校可以根据政府的经济发展计划和"长期性的人力预测"来提供一定数量训练有素的人力储备为经济发展服务。在教育发展战略上，这一学派主张发展中国家通过重点投资学校形态的职业教育和在普通学校课程中深入职教内容来促进经济发展。"人力资源说"在当时得到了包括联合国教科文组织和世界银行在内的一些国际组织的支持，成为当时发展中国家教育与经济发展的指导理论。

"发展经济学"的观点以当时英国经济学家巴洛夫为代表。针对巴洛夫的主流学派理论，作为长期致力于发展中国家教育理论研究专家的福斯特，以他多年来的研究成果为依据，写下了《发展规划中的职业学校谬误》这一名作，从教育发展的一些根本问题上系统地阐述了他的职教思想，提出了许多与巴洛夫为首的主流学派不同的观点，从而在职教理论界引发了一场长达1/4世纪的大论战。最后，福斯特由少数派成为当今职业教育界最有影响的主流学派。福斯特的职业教育思想反映在《发展规划中的职业学校谬误》这篇名作以及他以后发表的文章中，可对其主要思想和观点进行以下概括。

第一，职业教育必须以劳动力就业市场的需求为出发点。福斯特强调受训者在劳动力市场中的就业机会和就业后的发展前景，是职业教育发展的最关键因素。

第二，职业化的学校课程既不能决定学生的职业志愿也不能解决其失业问题。以巴洛夫为首的主流学派认为，通过学校课程的职业化可引导学生的职业志愿，从而避免学生不切实际的就业愿望，减少失业。福斯特认为，学生的职业志愿更多地由个人对经济交换部门的就业机会的看法决定，学校课程本身对这一选择过程并无多大的影响；失业的原因并不简单是学校课程上的缺陷，很大程度上是劳动力市场对受训者缺乏实际需求。

第三，"技术浪费"应成为职教计划评估中的一项重要内容。福斯特注意到许多发展中国家的职业教育毕业生的就业岗位与其所受的专业训练不一致，从而提出了职教中的"技术浪费"问题。他认为，"技术浪费"通常是三个方面的原因造成的：一是国家为促进经济发展提前培训某类人才，但现有经济并不能利用和消化这些人才；二是市场需要这些人才，但被安排到与训练不相关的职位，所用非所学；三是市场需要这类人才，但职业前景和职业报酬不理想，导致职业教育毕业生选择了与培训无关的职业。对于这种"技术浪费"，资源缺乏的发展中国家应足够重视，把它纳入职业教育计划评估中，并作为其中的一项重要内容。他还认为，尽管"技术浪费"现象在发达国家也存在，但在发展中国家更严重，由于发展中国家的资源更加有限，这种"浪费"更应该加以足够的重视。

第四，基于简单预测的"人力规划"不能成为职业教育发展的依据。20 世纪 60 年代是"人力规划"最时兴的时期，大规模人力预测成果作为各级各类教育与人才培养的依据，对职业教育的影响尤为突出。福斯特对此持批评态度。首先，他对人力预测的准确性表示怀疑，认为"经济交换部门的增长率是很难准确估计的"；其次，他对人力规划的后果表示担忧，因为一旦经济增长率不足以吸收和消化人力规划所培养的人才，不仅会造成人力和物力浪费，还会加重社会上的失业状况。应当指出的是，在计划经济下大规模计划也是行不通的，但与实际发展密切相关的小规模的培训计划还是应提倡的。福斯特反对的是那种脱离市场的"大规模的"人力规划，他支持那种"与实际发展密切相关的""小规模的"职业教育计划，这也是他所强调的"职业教育发展必须以劳动力就业市场的实际需求为出发点"。

第五，职业学校谬误论。巴洛夫等主张发展中国家用职业学校培养初、中级人才。福斯特从职业学校体制内部指出，"学校形态"职业教育办学方式的局限性和一些自身难以克服的缺陷，具体包括：职校办学成本高；培训设备很难跟上现实要求；发展中国家职业学校学生不甘于放弃升学的希望，把职业教育课程作为升学的奠基石，以致学生期望与职业教育规划者志愿相悖；学校所设课程与就业岗位所需经验格格不入，所学技能与现实职业要求不符，以致职业培训与职业工作情景不相关；不易找到合适的师资；等等。另外，职业学校的学制较长，一般要三年左右，不能对劳动力市场做出迅速而灵活的反应。正是由于以上原因，福斯特强调学校本位的职业教育最终难免失败的命运。正是基于此，就结果而言，职业学校只能是一种"谬误"。

第六，倡导产学合作的办学形式。福斯特认为，职业学校在人才培养上有规模效应，但鉴于职业学校本身一些难以克服的缺陷，必须对其进行改造。最重要的措施是走产学合作的道路，如改革课程形式，多设工读交替的"三明治"课程；实践课尽量在企业进行，缩小正规学校职业教育与实际工作情景之间的距离等。另外，在生源方面，可招收在职人员。总之，职业教育和在职培训应逐渐从学校本位走向产学合作。

第七，职业教育的重点是非正规的在职培训。"企业本位"的职业培训优于学校本位的职业教育。福斯特认为，发展企业本位的在职培训计划要比发展正规的职业学校更加经济、更少浪费，因为企业比职业学校更了解培训"产品"的标准和要求，而且企业有提供在职培训的良好条件。

第八，职业教育与普通教育的关系是互补关系而非替代关系。福斯特强调，成功的职业教育需要成功的普业教育作基础。随着社会生产力水平的提高，生产过程要求人才具有更为深厚的文化基础知识,而学生具备扎实的文化基础也有助于提高其以后的继续教育能力和职业转换能力。正是基于此,要在扎实的普通教育基础上开展职业教育。

第九,反对"普通教育职业化"。福斯特认为,在发展中国家不应采用这种形式的职业教育,因为"普通教育职业化"既达不到普通教育的目的,也达不到职业教育的目的。

第十,农村职业教育要点。福斯特非常重视农村职业教育,对此提出三个主要观点:一是农村职业教育的对象是农民而非学生;二是农村职业教育的主要任务是向农民推广生产知识、新技术;三是农村职业教育必须注重农民的求知积极性。农民非常注重实际,只有当他们看到科技带来的实际收益时,才会有学习的意愿;农村职业教育只有与当地发展和农民收益直接相关,才有可能获得成功。

福斯特长期从事职业教育理论研究,并在大量调查研究的基础上提出其职业教育思想,有着坚实的理论和实践基础。虽然福斯特职业教育思想主要产生于 20 世纪 60 年代中期,但其中的许多观点今天看来仍然具有强大的生命力。例如,职业教育必须以劳动力就业市场的需求为出发点,基于简单预测的人力规划不能成为职业教育发展的依据,要在扎实的普通教育基础上开展职业教育与培训等,被证明依然符合当前职业教育发展的实际。

特别是,福斯特强调的"对职业学校进行改造,走产学结合的办学道路",更是一种先进的战略定位,因为职业教育不同于研究型的教育,它不需要太多的超前理论,而是更多地注重实践知识的传授,技能重于研究,动手操作重于理论思维。所以,注重产学合作,加强对职业学校学生动手能力的培养是一个永恒的主题,也是当前世界范围内对职业教育的一个主流认识。

福斯特对学校本位的职业教育持否定态度,显然是不符合我国的现实状况的,这一点已无须怀疑。学校本位的职业教育作为我国教育的一种基本形式,已被以职业教育法的形式规定。在现实中,职业学校仍然是我国职业教育中的办学主体。学校形态的职业教育有其难以取代的优势,除有人才培养的规模优势外,关键是在培养学生的文化基础、人文素质等方面是其他形式的职业教育所不可比拟的。即使在发达国家,学校形态的职业教育仍是当今职业教育的主流。虽然学校形态的职业教育有其局限性和一些缺陷,但是通过改革办学形式、课程体系、教学方式等手段可以加以弥补。再者,在多元化的社会,不同国家和同一国家的不同地区,人们对职业教育的需求也是多方面的,应该提倡多元化的职业教育办学形式。

二、产教融合的功能作用

产教融合是实现校企联合发展、全面提高学校综合实力、促进企业发展的重要方法和有效措施，是教育、社会和经济价值三者的集中化体现。产教融合将理论学习与实践、科学研究相结合，有效地保障了高职院校培养人才符合企业需求，不仅为企业发展提供了大量的优质人才，而且促进了企业的发展，从而对社会主义市场经济产生催化作用，让其得以高质量发展。

（一）利于专业定位与建设

近年来，企业与中等职业学校的合作正在逐渐加强。当企业通过外部环境感知到自己所需要的人才类型时，可以立即反馈给学校，让学校根据新的标准培养人才，而学校的及时响应能够让培养的人才跟上时代的步伐。在我国，开展产教融合与校企合作培养技术人才，具有深厚的教育和经济背景。

从经济的角度来看，我国正在加快实现产业升级和转型，并建立以创新为导向的现代产业体系。企业对复杂和创新技术人才的需求越来越强烈，这一趋势也正在改变着工业企业。确保技术应用和技术人才满足企业需要并使人才得到全面发展是研究学者非常关注的问题，具有重要的研究意义和研究价值。从教育的角度来看，我国职业教育的主要特点是，职业学校是培养新技术人才的主要支柱，经济领域的企业在职业学校的人才储备不足。在教育领域，大专院校对产教融合、校企合作、联合教育和研发的需求特别高，但面临的挑战也更大。

通过产教融合以及校企合作的方式培养技术人才是国际职业教育的普遍法则。产教融合促进了国家治理体系进一步发展和治理能力的现代化，并提出了解决职业教育瓶颈的新观点和高层思维。职业教育的发展与社会经济发展密切相关，它是为社会培养高技能人才的摇篮，身上肩负着重大任务，其发展与国家的经济发展和社会和谐息息相关。

职业教育治理体系的优化和治理能力的现代化是国家治理体系和治理能力现代化的有机组成部分，职业教育的全面深化改革能够促进国家治理体系和治理职能现代化的发展具有重要意义。改革开放 40 多年以来，在政府以及学校的努力下，职业教育的发展取得了丰硕的成果。但是，这一成果还达不到我国的经济和社会需求以及人们的期望，职业教育的发展仍然还有很大的发展空间，而职业教育本身仍有很多问题，且是其外部系统和体制机制导致的。

我国职业教育的校企合作创设了"订单式"培养、工学交替、校中厂、厂中校、"政、校、企"三方联动等一批具有区域行业特色的校企合作人才培养实现形式，形成了"合作办学、合作育人、合作就业、合作发展"的校企合作人才培养理念。但是，职业教育校企合作也遇到了较多的困惑、问题和困难，尤其是参与各方对职业教育校企合作的国家制度政策的缺失体会颇深，对职业教育在国家政策、制度层面的顶层设计改革有着较为迫切的诉求。实行校企合作、工学结合的职业教育人才培养模式，是技能型人才培养的有效途径，体现了职业教育的本质特点。职业教育所肩负的培养技能型人才的任务需要职业院校与行业企业共同承担，日益成为职业院校、广大企业和社会各界的共识。

从"单维"管理理念转向"多元"治理理念，在治理理论的指导下借鉴国际比较经验，研究职业教育的多元治理主体的权责、实行管办评分离、多样化治理工具、完善的治理制度体系、治理指标体系等，具有巨大的经济和社会意义。首先，完善职业教育治理体系、实现职业教育治理能力现代化，将有助于我国数以亿计的技术技能人才的培养和可持续发展，有助于职业教育突破上述的困境，增强职业教育服务产业结构调整、经济发展方式转变的针对性和实效性；其次，对职业教育治理体系和治理能力现代化的研究，有助于促进我国社会的全面提升，增强人民群众学有所教、学有所用的终身学习途径和机会，依靠职业教育提升国民素质和发展能力，提升体面就业、幸福生活的民主和谐社会境况。

（二）实现院校课程体系建设

课程体系是学术发展的一种媒介，通过课程体系能够学习公司各个职位所需要的所有技能，培养所需的工作技能。职业院校在与企业合作的过程中，不仅有长期存在的老问题，而且还会不断涌现新的问题，因此有必要综合考虑促进产教融合发展和深化的解决方案。公司对工作职能的了解非常全面且深刻，可以针对各种工作和职责制订详细的计划，然后将工作标准变成课程标准，将企业项目案例变成课程培训案例。我国职业教育校企合作包含五个主要问题，分别是政府层面的问题、行业层面的问题、企业层面的问题、院校层面的问题和学生层面的问题，这些问题阻碍了与经济发展方式转变和产业结构发展相匹配的高素质人才培养。当前，中国职业教育的宏观政策的重点就是为了解决这些问题。

职业教育校企合作的主要问题主要表现在以下方面：一是企业主体缺乏；二是行业企业的参与度非常不足，这反映了经济部门缺乏产业教育一体化的支持体系。产教融合不仅属于教育系统，还应该是经济和产业系统的组成部分。

1. 发挥边界与市场治理结构的作用

当前，在经济领域的法律基本上没有涉及产教融合、校企合作的制度内容，在教育领域有关法律主要是《中华人民共和国职业教育法》，但迄今还没有与其配套的下位法，只有地方制定的地方性法规以及国务院相关部门制定的部门规章，力度不足。近年来，国家从认识上重视职业教育校企合作的制度和机制建设，各地不断探索实践，校企合作取得了显著成就。

2. 利于行业指导能力的缺失与弥补

我国在职业教育发展中对行业协会的地位和作用没有明确定义，因此在职业教育的发展过程中缺乏行业组织的协调和指导，导致其应有的作用未能完全发挥出来，尤其是在建立行业工作标准和课程标准方面未能起到主导作用。除此之外，行业组织对校企职业教育合作的监督机制还不完善，应进一步完善产业与职业教育的合作体系。

我国职业教育的发展深受业界和广大人民的期望，教育部已经建立相关的指导和管理协会，并发布了政策文件来促进行业在这一过程中的主导作用。然而，在职业教育发展过程中，产业组织的作用尚未实现。在我国经济领域中，产业组织本身的能力和作用还没有得到充分发展，产业对职业教育的指导权尚不明确，并且对产业组织参与职业教育和培训的支持也不够，与之相关的鼓励和促进政策也不健全。另外，从整体的层面来看，行业本身的独立发展水平有一定的限度，引导职业教育发展的能力也有限，有必要逐步发展自己的能力。

3. 增强企业育人的作用与责任

（1）在对人才的培养过程中，企业应该成为职业教育的主体，但我国的职业教育仍处于市场治理发展的早期阶段。在这一大环境下，企业在职业教育、产学融合中表现得不尽如人意，诉求条件还不完善，参与程度也不够。

（2）公司的战略发展理念不完善，与学校的合作不够，缺乏对社会责任的认识，合作伙伴关系大部分都是通过情感维持的。

（3）现有的合作管理不健全。在特定领域的发展，课程的开发以及职前实践的管理中，大多数企业都没有占据主导地位，缺乏教育和培训的明确规范，合作只是表面的形式，并没有起到实质作用。

（4）许多公司主要依靠身体力量而不是技术，企业还在经历转型和升级，对于培训技能人才的动力也不够。

4. 完善职业院校校企合作育人和制度理念

（1）缺乏现代学校制度理念，校企合作的治理机制、合作发展机制不健全，整合资源能力不够。

（2）品牌创建意识不够，专业水平和技术技能积累不足，难以引领行业发展。

（3）技术服务能力较弱，难以吸引企业参与。

（4）人才培养模式创新不足，未能确立被校企双方共同尊重的教育规范和标准，难以适应产业需求。

（5）学生实习监管不到位，难以保证实习产教融合的水平。

5. 实现学生实习活动性质错位的纠正

职前实践的本质是教学活动，是教育的纽带。毫无疑问，就业前的实践与实际工作并不相同，也并不能被其代替。我国职业教育面临的问题主要有三个方面：一是学生的实践和培训内容与公司对人才的定位和工作要求不符；二是学生在实习过程中没有关于场地安全、工作时间等细节的明确规定；三是没有明确的标准来培养学生的责任感和抗压能力。

第三节　产教融合的发展与影响因素

一、产教融合的发展分析

随着经济发展进入新常态，从高速增长转为中高速增长，产业转型、社会稳定这些结构化增长目标成为我国经济发展的明显特征和主要要求。随着现代市场体系和现代企业制度逐渐完善，职业教育在国家发展中的战略地位进一步夯实和突出。产业转型升级促进了人才结构的变化，这给职业教育发展带来了重要的机遇与挑战。职业教育更加关注产业，关注技术发展，而政策层面概念的逐级深化体现了职业教育地位与作用的变化，以产教融合作为关键词的职业教育产教关系研究话语体系也逐渐形成。

随着参与主体越来越多元，内涵越来越深入，产教融合的表现形式也越来越多样，职教集团、混合所有制、现代学徒制①的探索日益增多。实践的发展也使得研究更加成熟，研究者更加关注政府、产业、行业、企业、学校、学生在校企合作中博弈与共赢关系的构建，研究领域也从教育领域扩展到经济领域、政治领域，研究方法也实现了质性与量化的多元应用。从"结合"到"合作"再到"融合"，体现了我国职业教育产教关系发展的脉络。至此，产教融合成为我国职业教育产教关系的核心词汇，并以此构架了新的话语范式。

产教融合的形成是经济、社会、文化等多种因素博弈形成的结果。产教融合战略作为我国职业教育发展的主线和特色，必将有更为深入的发展，而在其发展过程中需要多方协同，共同发力。目前，产教融合已经成为培养高素质技术技能人才的重要方针和解决就业

---

①现代学徒制是通过学校、企业深度合作，教师、师傅联合传授，对学生以技能培养为主的现代人才培养模式。现代学徒制更加注重技能的传承，由校企共同主导人才培养，设立规范化的企业课程标准、考核方案等，体现了校企合作的深度融合。

问题的重要出口。因此，职业教育应充分发挥与产业、创新、人才的链接枢纽作用，实现产教深度融合，实现职业教育的内涵发展与质量提升。总体而言，职业院校产教融合的发展趋势表现如下。

第一，将产教融合纳入整个国家发展战略体系。从国家治理角度来看，产业的发轫和成长离不开市场主体作用的发挥，也离不开国家政策的介入和资金投入，更离不开教育作用的发挥。因此，要将产教融合理念纳入经济与产业制度的组成中，通过公共政策来改变产教关系的格局。加快产业升级，加快新旧动能转换，推动经济高质量发展，是我国产业发展的主要目标。当今科技的发展，数据已经成为与煤、石油等原始生产资料具有同等重要地位的生产资料，大数据、智能化对产业结构产生了重要的影响，并重构了新的产业体系。创新与人才是产业转型升级的根本所在，将产教融合作为重要手段，实现资源、信息、技术、人才的集聚，关注劳动力市场变化，激发多元利益相关者参与，发挥宏观政策与管理的主要作用，是国家层面对进一步发展产教融合的有力支撑。

第二，以专业群建设和混合所有制探索为契机，实现学校治理体系变革。从学校治理角度来看，作为教育链的重要组成部分，要实现产业与人才的对接，专业群建设是其重要抓手。根据区域产业结构，明晰支柱产业、优势产业，明确区域产业集群特征，建设优势特色专业群，从标准化向定制化转型是职业院校产教融合进一步发展的方向。基于有效人才需求的数据研究是专业群构建和改革的基础，职业院校要依据科学的人才需求数据，从人才培养方案、师资队伍组成等多个方面实现与产业、行业、企业的深度合作。专业群建设对于高职院校而言是一个旧概念，在当今发展背景下需要赋予其更多新的内涵，即先面对的是专业群治理结构的变化。在产教融合的背景下，专业群不是简单的专业交叉、重合与合并，而是在产业链或者产业群基础上的重构与发展，这对职业院校治理提出了更高要求。基于这种发展背景，很多高职院校提出了"以群建院、以群建系"的新主张，也是顺应这一时代要求所提出的新的发展途径。

第三，进一步推进地方产教融合的发展。地方产教融合需要对接地方产业发展之需科学谋划、改革创新，实现职业教育与地方产业布局相匹配、与地方经济业态相契合、与企业生产过程相衔接，有效提升学生学以致用的实践能力和职业教育服务地方经济发展的能力，促进地方经济进一步发展。同时，地方要对产教融合进行全面系统的规划，包括产教融合型城市建设等方面。如今，高端化、绿色化、智能化、融合化是地方产业发展的趋势，也是产业与职业教育进一步融合的方向。我国地方经济的发展各具特色，要依托地方经济发展来实现地方产教融合的进一步深入，从地方层面实现资产融合、人才流动、治理机制改革等，重点关注具体措施的落实和指导细则的出台。

第四，加强与龙头企业创办的企业学院的深度合作，探索产教融合的企业职业大学。以龙头企业为载体，建立产教融合型企业职业大学，以项目为连接点，创造培养链条；鼓励企业、学校、行业兴建产业学院等新型载体，构建产教融合价值网络，以产业为引领，带动职业教育精准培养人才。教育作为一种生态圈，龙头企业所创建的企业大学是这个生态圈中不可缺少的部分，尤其对于职业教育而言，产教融合的根本目的就是实现产业与教育的深入融合、共同发展。对于龙头企业创办的企业学院，如华为创办的华为学院、阿里创办的阿里学院，本身就具有职业院校无法企及的教育资源。与这些企业学院的良性与深度合作，也是职业院校开展产教融合项目的一种选择。

综上所述，产教融合是我国创新驱动发展战略的产物，是职业教育实现高质量发展的重要途径，也是一项需要多元利益主体参与的系统工程。"职业教育产教融合的深化发展，必须使政府、行业、企业、学校等多个利益相关主体积极参与和共同协作。"[1] 产教融合的良性发展从客观上需要形成政府、行业、企业、职业院校等共同参与的多元体系，并建立长效合作的创新机制，进一步完善产教融合政策、法律、法规和组织体系，提供制度保障、组织保障和资金保障。同时，要注重产教融合评价标准的建立，注重评价主体的多元化，突出职业教育的产出与贡献，对产教融合实施情况进行监督与评估。

二、产教融合的影响因素

在产教融合的过程中，影响高职院校和企业合作的因素繁杂众多，它们相互影响、相互作用、相互串联，有的是并列关系，有的是因果关系，有的甚至表面毫无关系但是间接存在联系，这些因素之间存在着相对的不确定性，各种作用的强度和关系准确性也较低，而这些都增加了产教融合的复杂性和难度。因此，若要对影响产教融合的相关因素进行全面综合的分析评价，必须对各个因素从多个角度进行综合考虑，这样才能保证分析的科学性。以下针对影响高职院校产教融合的因素进行详细的分析。

（一）产教融合的主体因素

1. 学校

（1）领导的办学理念和领导力。在我国当前经济环境中，行业压力不断增大，产业结构面临着深度调整，人才培养的规模和规格与经济转型期存在着较大的出入。高职院校如何找到与社会、企业、市场的利益结合点，破解办学难题，对市场的反馈做出快速响应，

---

① 王彦如. 职业教育产教融合的发展变革、困境及深化策略 [J]. 常州工学院学报，2021，34（5）：87.

走出校企合作的困境，真正寻找出一条适合高职院校和企业的合作办学之路，是每一所高职院校都不得不面对的问题。在这种情况下，高职院校领导的办学理念和领导能力的重要性格外凸显。所谓领导力，是带领成员致力组织长期发展、建立愿景目标、激发成员的积极性和热情、保证战略妥善实施等能力。其主要包含四个维度和十二项内容，即明道——价值取向：自我领导、共启愿景的能力；取势——趋势把握：思维规划、决策、判断的能力；优术——组织运营：创新、解决问题、实践调查、劝说的能力；树人——人才发展：对他人的理解、培养下级、调动下级积极性的能力。其中，思维规划和决策能力是最重要的两种能力。对于一个组织而言，领导就是这个组织的"大脑"，思维规划和决策的质量是决定组织成败的关键；对于领导者自身而言，思维规划和决策的质量则是领导者自身能力的体现，直接影响着领导的公众威信和人格魅力。

高职院校领导的办学理念和领导力对校企合作主要影响有两个方面：①高职院校领导对影响校企合作相关市场信息的捕捉和响应速度，尤其是一些隐性的、不明显的信息。高等院校办学理念的先进程度和开放程度，直接决定高职院校与外部经济环境和市场环境联系沟通的频度和紧密度；高职院校领导的领导力是决定高职院校市场经济意识的重要因素，直接关系到高职院校对国家宏观经济发展战略、地方政府的教育发展规划以及相应法律法规的领悟程度。这些都将对校企合作的走向产生直接影响。②影响跟进合作企业的积极性和信任度。高职院校领导，尤其是校长的办学观、决策观、管理观和格局观会决定学校的发展机遇、影响学校的社会形象以及关乎学校未来，同样也影响企业与高职院校合作的意愿和方向。这主要可从两个方面进行理解：一方面，高职院校领导对校企合作的理解、态度、重视程度和全局的掌控能力直接决定了合作的可能性、合作的深入程度和合作的预期效益，关系着企业与高职院校进行合作的积极主动性和信任程度；另一方面，高职院校领导的办学理念代表着整个学校的办学思路和未来方向，影响全体教职工、在校生和毕业校友的利益和工作态度，进而影响校企合作机制在具体操作环节的执行顺畅程度和效率，影响主体双方的创新性、紧密性、友好性，影响校企合作的实际成效，最终影响校企合作是否能够长期稳定运行。

（2）整体管理水平和执行力。在现代管理中，执行力实际上就是行动力，是贯彻战略意图、有效利用周围资源和保质保量地完成预期目标的能力。对企业而言，这是将企业的战略规划和目标方略转化为实际经济效益的关键所在。决策和执行是任何管理中都不可缺少的环节，二者是相辅相成的关系。正确明智的决策是需要落实的，否则便没有任何意义。由决策转向执行的状况好坏则取决于落实过程的状况，即落实的过程是否能够通过详实、细致、认真、明确、可行的措施来彻底实现或兑现目标指示。具体而言，高职院校的管理水平和执行力也是相辅相成、相得益彰的，主要表现为以下四个方面：①高职院校领导层对校企合作的认知度、理解度和支持度；②中层管理者的组织协调和领会领导层用意的能力；③相关职能管理部门之间的配合、沟通、协调能力和效率；④执行的主体教师完成工作职责的意愿、认真程度、创新能力和积极主动性等。

执行力对个人而言就是指办事能力，对整个项目团队而言就是完成任务和挑战困难的战斗力，对整个高职院校而言就是学校的整体实力水平。高职院校的整体管理水平和执行力对校企合作的影响主要体现在以下方面。

第一，高职院校领导层对校企合作的认知度、理解度和支持度会影响合作项目的整体推进度。理念是项目的灵魂，是实施过程中的基本准则。鉴于高职院校和企业在合作过程中各自内部的管理机构和运行属性基本不变，在高职院校，领导层依然对下面的管理中层、职能部门和执行团队成员具有直接领导和指挥作用，领导层的认识理解直接影响着合作项目推进的相关保障机制。领导重视和大力支持的事情，推进起来阻力和障碍自然就小，项目进程自然就会加快。

第二，中层管理者的组织协调和创造性解决问题的能力影响校企合作项目的运行效果。中层管理者要有领会领导层用意的能力，进而转化为自身所处部门的行动力。任何校企合作项目的运行都必然要涉及高职院校人事、财务、资产设备、教学管理、学生工作和后勤保障等相关部门，这些部门的管理者是否具备及时适应改变的能力，能否勇于接受疑难问题的挑战，是否拥有开放的视野和解决问题的态度就显得尤为关键。如果职能部门的管理者不能及时适应学校发展战略的变化，不能积极满足校企合作对相关职能部门的需求，那么校企合作项目执行的难度必然增加，也会挫伤相关院系和企业开展合作的积极主动性。

第三，相关职能管理部门管理机制的健全程度影响校企合作项目能否如期完成和实施的效果。职能部门的服务教学一线的理念决定着服务的质量；部门之间的配合、沟通、协调能力和效率，决定着高职院校的现有资源能否形成合力效应，进而影响项目的预期；职能部门内部的管理机制和制度建设的系统性和完善程度，影响着部门能否根据学校和教学的变化及时做出响应；等等。所有这些都会直接影响高职院校内部资源整合配置和发挥成效，进而对校企合作的项目产生影响。

（3）师资队伍结构和水平。尽管不同高职院校的师资水平和结构存在着差异，但整体而言高职院校属于人才密度比较高的行业群体，因而在校企合作的过程中企业更看重的是高职院校教师对企业需求的理解力，将企业的需求转化为日常的教学内容、教学案例的能力，以及带领学生进行实际操作和动手的能力。由此可见，师资队伍的结构和水平在校企合作过程中的重要性。师资队伍的结构和水平对校企合作的影响主要表现如下。

第一，师资队伍的结构和水平决定校企合作的层次、级别以及获取项目的规模、质量，包括教师的专业能力、课堂教学能力、在行业领域中的任职经历、学术研究方面的科研成果质量、专利积累的数量和技术含量、大师级的引领性人物的社会声望，以及运用已有的知识积累进行系统性创新的能力等。这些都会影响企业对合作的价值评估，决定着企业的合作意向。如果企业认为高职院校的师资雄厚、结构层次较高，就会觉得高职院校的科研生产能力和技术转化能力较强，能够满足企业的需求，降低企业的沟通成本和障碍，为企业带来利益，那么就会增强企业的信任感，企业合作的意愿和热情就会高涨。

第二，师资队伍的结构和水平决定校企合作的执行效果和进一步合作的可能性。师资队伍的水平决定着教师的科研能力和技术服务转化能力，决定着人才培养的质量，而这些都决定着高职院校为企业提供服务的质量、科研成果的实际价值，进而决定校企合作项目的实施效果和执行效果。企业非常看中高职院校教师的研究开发能力和进行技术服务转化的辅助配套能力，因为这直接影响到企业的合作利益期望能否实现，进而影响企业实现市场利润和超额利润，更影响企业继续合作的意愿和投入的程度。

（4）专业结构和特色。高职院校的专业划分依据主要有学科分类、社会的行业需求以及侧重领域，遵循兼顾基础性、学术性、实用性和就业的适应性原则，趋于专业面的延伸和拓展，并向综合性发展。专业结构和特色是连接教育、社会和经济的纽带，是高等教育为社会服务、满足社会需求和经济发展提供人才支持的具体体现，是保证"输出对口"的关键环节。专业结构的合理性和特色的明显性，直接影响着高职院校对企业的吸引力。具体影响主要体现如下。

第一，它决定企业资源的投入程度。高职院校的专业结构和特色与当前经济发展趋势的契合度越高，就越能吸引企业的合作和投入；反之，则很难争取到与企业的合作。也就是说，高职院校的专业设置如果是该行业发展所需要的，企业就会倾向于与这所高职院校合作。

第二，它决定地方政府的支持力度。为促进本地区经济的发展和产业结构的升级，地方政府特别重视本区域内的产业人才的培养。如果高职院校的专业结构和特色专业的设置与地方经济的主导支柱产业所需要的人才的吻合度较高，那么地方政府便会给予充足的政策扶持，会为校企合作牵线搭桥并提供担保服务等。此外，地方政府为了发展经济，提高税收收入，一般会对主导型的支柱产业进行重点扶持，该领域的企业也必然会借助政策优惠得以快速发展，从而间接地为高职院校获得更多的企业合作资源提供可能和保障。尽管如此，高职院校是否具备开设企业发展需要的专业的能力，并能够根据企业的发展战略调整和具体需求及时快速地进行专业机构和规模的调整，同样也会对企业的选择产生影响。当然，解决这些问题的关键还在于高职院校领导的市场洞察力以及决策判断力。

（5）人才培养形式和质量。高职院校人才培养的形式多种多样，除常规系统的全日制教育外，还有成人脱产教育、远程教育、研讨班培训、专门性的短期培训等。对于企业而言，人才的培养需求也是多层次的，如对高级精英人才、职能管理人才和基层管理人才的培养，在时间上也具有不确定性。高职院校人才培养形式的多样性对企业而言具有不小的吸引力，形式多样，可以满足企业各种、各阶段的不同需求，影响着企业选择合作的兴趣方向。同时，人才培养的质量也是企业选择合作院校时考虑的指标。人才培养质量包括基础知识和应用知识的灵活掌握和运用能力，自我学习能力和创新精神，具有科学精神、掌握科学思考方法和创造知识的能力，具有人文素养、社会责任感等。人才培养质量在维持校企合作以及保证合作的层次性方面具有重要作用，但不是最重要的因素，因为人才培养的质量是由高职院校内部的其他所有因素决定的。

（6）相关硬件设施条件。所谓高职院校内部的硬件设施主要是指静态固定的、辅助教学任务的基础设施，主要涉及教学环境、学习环境和休闲锻炼的环境三个方面。具体而言，就是高职院校内部的教学仪器设备、实验训练条件、图书馆、教学楼以及信息化的手段等。优良的硬件条件不仅为学生提供良好的学习条件，提高学生学习的积极性和学习的效果，而且也是评价高职院校综合办学实力的重要指标之一。基础硬件设施是开展一切教学活动和合作项目的基础必备条件，直接影响着高职院校承担校企合作项目的能力。与其他的影响因素相比，相关硬件设施对校企合作的影响更直接、更直观。因此，为了推动高职院校和企业进行项目合作的可能性，加强相关硬件设施的建设也不容忽视。

综合来看，高职院校自身的六大影响因素并不是单独存在的，彼此是相互影响的关系。其中，高职院校领导的办学理念和领导力是最为关键的因素，对师资队伍结构和水平、专业结构和特色、整体管理水平和执行力、相关硬件设施条件这四方面的因素起着决定和制约的作用，这些又共同决定着人才培养质量。此外，师资队伍的结构和水平也会对专业结构的设置和特色的发展产生影响，决定着整体的管理水平和执行力，而整体的管理水平和执行力对相关硬件设备的引进、修缮和维护也会产生影响。要改变校企合作的现状，走出合作的困境，高职院校必须先从自身找原因，再从这六大因素入手加强对自身的完善和改进。

2. 企业

（1）企业的价值观。企业的价值观决定着企业的经营理念和企业的道德观念，企业的经营理念决定着企业的经营战略、经营方向和经营目标，企业的道德观念决定着企业的社会责任意识。

第一，企业的经营理念是企业根据建立设想，结合自身的资源优势、科技优势、营销优势和未来的发展方向，通过对消费者和竞争者需求的反复确认，在不断追求企业绩效的过程中所遵循的基本准则。企业的经营理念决定着企业的合作方向、合作目的、合作内容和合作形式。企业的经营理念决定着企业的利益诉求是长期的还是短期的，长期利益诉求和短期利益诉求的合作对象、合作内容和合作方式显然不同。一般而言，追求短期利益的企业很难有创新需求和能力，而没有创新需求和能力的企业的生命也是短暂的，更谈不上长远的发展，就很难有校企合作的需求，即使有也仅仅是寻求廉价劳动力以缩减成本，这并不利于高职院校的长远发展。如果企业追求的是长远利益，就必然会对欧洲管理大师弗雷德蒙德·马利克所总结的六个关键点有着深刻的理解认识——这六个关键点为市场地位、创新的表现、生产力、吸引人才的能力、支付的流动性、利润。如果一家企业的价值观能够有如此高度，那么这个企业就会是一个注重技术创新和人才储备的企业，才会有精力和有需求去考虑与高职院校进行创新合作、技术合作和人才合作等。从企业角度考虑，这是校企合作完成的第一步。

第二，企业仅仅有需求是不够的，因为这时它可以选择任何合作方，合作对象不一定是高职院校，这就要求企业有强烈的社会责任意识以及合作育人的教育理念，而这正是由企业的道德观决定的。在我国，大部分企业都是自负盈亏的私营企业，如果没有承担社会责任的道德行为，是很难支持教育事业发展的。

第三，企业的价值观取决于领导或领导层的价值观。尽管企业和高职院校的合作是两个社会组织的合作行为，但归根结底还是两个组织的领导或领导层达成的合作共识。简单而言，企业领导层的价值观是跟企业的利益始终保持一致的，直接决定着企业是否参加校企合作以及合作的程度和形式。

价值观是企业的核心管理思想，是决定企业能否持续增长和繁荣的关键，也是决定校企合作能否达成的第一关键因素。

（2）企业的行业属性与规模。

第一，企业的行业属性决定着其合作的意向和迫切度。在新兴的高精尖行业，如医药企业、生物工程企业、国际金融投资企业等，这些企业选择与高职院校进行科学研究的意愿比较强烈，主要是因为这些行业都是专业性极强的行业，需要专业性极强的人才和科研成果的支撑。高职院校在该行业中由于具有较强的科学研究水平和实力，对当前最新的研究方法和成果都具有较准确掌握和积累，经过多年的技术积累和成果产出，具有较强的创新能力，或者说更能在最短的时间内理解企业的需求，完成企业的定向研究。最重要的是高职院校的大部分研究成果并未进行技术转移和市场转化，一旦企业选择与高职院校合作，便能够成功获得这些科研成果的使用权，利用企业自身的生产、加工和销售优势很快将成果转化为突破性创新产品推向市场、占领市场，从而获得经济效益。

第二，企业的行业属性决定着企业自身产业的生命周期。企业的产品周期一般分为发展、成长、成熟和衰退四个阶段，每个周期内对资源和技术类型的需求是不同的。例如，在发展期中，企业迫切需要推出新产品、拓展市场、增加市场占领份额，这时注重的是技术合作，与高职院校合作的目标主要是获得已有的、比较成熟的技术成果。在成熟期，企业的规模一直处于不断扩大状态，规模经济效益的红利已经达到峰值，这时就需要创新，而创新需要人才，企业就会与高职院校进行人才联合培养项目的合作。因此，企业的产品周期决定着企业参与校企合作的动机、方向和参与程度。

第三，企业的规模决定着校企合作的具体形式。为了研究的统一性，桑托罗将校企合作大致分为知识转移、研究支持、技术转移和合作研究四种模式。经过他的研究分析得出，知识转移和研究支持是企业经常采用的两种模式，规模较大的企业通常选择这两种模式加强其在非核心产业技术方面的实力，而规模较小的企业通常选择这两种模式加强其在核心产业技术方面的实力。这主要是因为大规模企业财力雄厚，为了始终保持产业技术的绝对优势，必须拓展技术积累和数量，以保证其时刻具有较强的技术实力和主导力，因此有精力、有实力、有意愿对一些未来可能发展成为核心技术的产业领域进行基础研究和技术研发。但是，鉴于这些技术与企业自身的主流核心技术相差较远，在市场和时机未成熟的情况下还不能投入太多，因此采用与高职院校专业团队的合作就是最节约成本和效果最好的途径。

对于小规模企业而言，主要以拓展市场、占领市场份额为主要目标，更受其人才和资金的限制，根本没有精力和时间进行核心产业技术的研究。当然，这部分研究很重要，但不是小规模企业所迫切需要的。面临大规模企业的竞争压力和外界环境的日新月异，小规模企业如果想在投入较少、取得的收益较大而且周期不能太长的情况下获得核心技术的突破和创新，那么与高职院校进行定向合作研究就是最经济的路径选择。但是，这种大规模企业与小规模企业选择与高职院校合作的意愿以及合作的方式并不是一成不变的，不同的国家在不同的区域以及不同的发展阶段都会存在差异。

（3）企业参与合作的投入产出比。企业参与校企合作的投入产出比，直接决定着项目能否达成以及合作的质量和层次。在市场经济环境中，企业作为自负盈亏的利益导向型社会组织，对自己的任何投入都是由产出比衡量的，其总体思路是降低成本投入，获得利益最大化。从本质上讲，企业与高职院校进行合作，也是一种变相的投资。当投入产出比较高时，企业参与校企合作的意愿就比较高；产出比越大，企业的投入可能越高。此外，对于正在进行合作的项目而言，企业从合作项目中获得的利益足够多，而且与企业的需求吻合，那么继续合作的可能性就较高。

（4）企业的吸收能力和研发能力。企业的吸收能力[①]是知识进行传播转移过程中的关键，决定着企业对人才层次的需求等级，其强弱会影响校企合作的整体绩效，即企业与高职院校合作的整体效果取决于企业的吸收能力。对人才层次的需求则决定了企业的选择，当人才需求层次较低时，则可能倾向于去劳工市场直接招聘，尽可能地节约人力成本；当人才需求层次较高时，企业与高职院校达成人才定向培养的相关项目的意愿就会增强。企业对人才层次的需求取决于企业的生产方式，企业的生产方式又取决于企业的价值观、行业属性和规模。

企业的研发能力是多层次、多维度的，是企业在特定的时空范围内针对企业面临的重要事件、技术难题和外部竞争有意识地进行响应，以获得或维护市场竞争优势的能力。这是一种涉及多种具有互补性和协作性的能力。如果企业的研发能力很强，超出业界水平，企业寻求高职院校研究开发支持的意愿一般就会降低。但是，有时企业也会为了解决某一个具体问题，会寻求定向研究开发的合作。企业的研发意愿取决于企业的市场竞争环境，而企业的市场竞争环境又取决于区域经济的发展态势。

总而言之，企业参与合作的投入产出比是企业是否参与合作的决定因素。同时，其他影响因素之间也是相互影响、相互平衡、相互制约的，以此形成合力从各个角度作用于校企合作。

（二）产教融合的环境因素

1. 外部环境因素

校企合作是一个相对开放和灵活的系统，除了受到内部环境因素的影响，还要受到外部复杂环境的影响。若想实现高职院校和企业双方的合作，并保持合作的长久性，双方就必须对合作前景有充分的预估。这就需要充分考虑外部环境的多样性、复杂性和不确定性，最大限度地利用有利环境，规避不利环境，不断改善外部环境，以促进校企合作的良性发展和实现双方的合作诉求。校企合作机制的主体构成并不复杂，内部结构仅涉及高职院校和企业两个主体，校企合作机制构建的内部动力因素的分析和确定难度系数相对较

[①] 企业的吸收能力是指企业在已有知识储备的基础上，通过挖掘和学习等手段识别信息、吸收信息，并将外部知识变成内部知识、将隐性知识变为显性知识，最终将这些知识和信息应用于市场产生商业利益的能力。

小。但是，考虑到社会是一个复杂的多面性组织，各种因素及其融合对校企合作机制会产生不同的影响，常常导致校企合作很难进行系统和有针对性的分析取舍。为了能够全面系统、科学准确地对校企合作机制中的外部环境因素进行分析汇总，下面借助 PEST 分析法进行分析。

PEST 分析法是企业进行宏观环境分析时的一种常用方法，尤其是在分析一个企业集团所处的外部环境时会经常使用。其四个要素分别是：P 是政治，E 是经济，S 是社会，T 是技术。通过 PEST 分析法，可以对校企合作所处的外部环境因素及其存在的可能影响进行初步的判断。鉴于任何外部环境因素的变化都会对校企合作产生影响，此分析方法的基本目标是为了甄别对于校企合作机制的形成和执行存在潜在影响的政策、力量、条件和趋势。如果高职院校和企业能够通过 PEST 分析法的科学分析对潜在阻力进行准备和采取行动，就可能实现变不利环境因素为有利环境因素；如果企业和高职院校能够同时进行有效判断，那么就可以更好地利用这些变化准确把握关键因素。只有把握最佳时机，确立合理的合作目标和合作方案，才能形成高职院校和企业充分合作的全局战略并采取行动，从而使双方的合作始终能够处于一个相对良好的氛围和环境之中。

（1）市场经济环境因素。在商品经济背景下，生产者和消费者为了满足各自的需求所发生的商品或者服务的交换行为，以及交换的条件、交换的关系和交换的过程的总和，构成了市场的广义概念。

校企合作的产生、形成过程所处的社会经济发展状况和国家经济战略，统称为市场经济环境因素。从经济学角度而言，校企合作就成为一个微型经济体，是在市场经济体制下的一种特殊经济行为和产业发展模式，校企合作的产生、发展和创新总是在一定的经济环境下进行的，并受到经济环境中各种因素的诱导、制约和驱动。校企合作是以获得收益为最终目的的，合作的成果一般都是以产品或服务为最终载体。因此，校企合作的初衷是出于对价值创造方面的追求，即校企合作机制建立的出发点应该是市场需求。合作项目的成果最后也必须由市场来进行检阅，只有得到市场的认可，合作的价值最终才能实现。无论是供给方的市场竞争需求还是消费方的购买需求，都是推动校企合作的重要因素，二者相互渗透、相互影响、相互补充，共同凝聚成推动校企合作的主要力量。

一方面，在当今知识大爆炸和技术创新日新月异的时代，科技水平更新换代速度空前提高，新产品层出不穷，进一步缩短了产品市场响应周期。任何一个经济体的发展都必须依赖充足、雄厚的经济基础，若想进行超常发展就必须依赖不断的技术创新，积累掌握领先于行业水平的先进技术，只有如此才能获得充足的生存能力和发展空间。另一方面，随着我国改革开放程度的加大和经济发展水平的快速提高，人们的需求水平和品位也在不断提高，高职院校和企业作为经济环境中的两个独立个体，都承担着满足人们不断增长的物质需求和精神需求的责任，而个体单独的发展已经远远不能满足人们的需求，寻求合作是经济发展的必然产物。高职院校和企业虽然是两个完全不同的主体，但是所处的经济环境是相同的，而且在自身的发展过程中都面临着激烈的市场竞争，竞争的结果就是优胜劣汰。为了在激烈的市场竞争中占领更多份额，获得更多、更持续的市场利益，高职院校和企业必须充分考虑到市场中已经确定的有效需求和不确定的潜在需求。其中，有效需求决定着当下二者合作的方向和模式，主要以尽快利用成熟理论、技术和成果提升市场竞争力为主要目标，并不断巩固自身的竞争力；潜在需求主要决定着二者合作创新的未来方向和发展趋势，即使是顶尖高职院校和企业为了维持自己长久发展和超额利润，也不得不重视这点。因此，校企合作双方必须要保持强烈的市场经济环境意识。

此外，随着经济的发展，社会分工也在日趋细化和深化，企业单独依靠自身的力量已经很难做到面面俱到并保证各个环节都专业。因此，企业就必须在保证自身主流业务不断创新发展的基础上，通过与外界组织的联动、合作，将一些非主流的服务和业务外包给在行业内具有优势的其他企业，这样企业才能将更多的精力和资源放在主流核心业务的技术引进、模仿、消化、吸收、改进、创新方面。在所有的外界组织中，高等院校有着与企业完全不同的资源和能力。对企业而言，与高职院校的合作，具有互补、协同、促进的效应，使企业对自身劣势的弥补更有针对性，使技术创新的频率和经济效益得到提高。

（2）社会环境因素。社会环境是指一定时期内整个社会发展的一般状况，是人类在生存、发展和进步的过程中所积累的各种财富和形成的各种关系的总和。其主要内容包括社会结构、文化传统、社会道德标准、生活方式、人口规模趋势、文化教育、意识形态和价值观念等。社会文化环境是影响企业发展和市场的诸多变量中最为复杂、最为深刻和最为重要的变量，体现着一个国家、一个地区、一个民族的社会进步和文明程度。因此，本书所提到的社会环境主要是指社会文化环境。社会文化主要是指人类在长期发展历程中所积累形成的受教育水平、特定价值观念（伦理道德规范、审美观念、风俗习惯等）、人口因素、行为方式、文化传统、社会流动性、消费心理等内容，而某一特定时期的社会文化影响和制约着人们的消费观念、购买意愿、消费行为、需求欲望及特点、生活方式等。这些不仅对企业的销售理念和营销行为产生直接影响，而且对高职院校的培养理念和培养模式也会产生影响。任何企业和高职院校都处于一定的社会文化环境中，二者的所有决策和合作都必然受到社会文化环境的影响。为此，高职院校和企业应对社会文化环境进行充分的分析和了解，针对不同阶段的社会文化环境制定不同的发展策略，组织不同的推广活动。

受教育水平的高低会直接影响校企的合作目的、合作层次、合作路径、合作模式和合作水平，而特定的价值观念主要是指人们对社会生活中各种事件、事物持有的态度和看法以及评价各种行为的观念标准。生活在不同社会环境中的人们的价值观念相差很大，这种具有差异性的社会文化价值观是一种潜移默化的精神力量，是所有外部环境中最基本、最深层次的元素，不仅能对其他社会环境因素产生影响，而且能够间接地促进或阻碍学术、技术活动的开展，形成一定的社会规则、引导性制度和市场偏好等。

人口因素包括高职院校和企业所在地居民的性别、地理分布、种族、密度、年龄、教育水平等。人口因素对高职院校和企业的总规模有着直接决定性的影响——人口的性别和年龄结构决定着产业的类型，进而影响社会的供给侧结构；人口的地理分布决定着高职院校和企业位置的选择；人口的受教育水平影响着该地区的人力资源状况；人口数量和家庭结构的变化也会对消费品的需求和未来变化趋势产生影响，从而影响到产品的生产规模；等等。行为方式主要指当下及新兴的生活方式与时尚潮流。社会文化因素反映了一个事实，即文化的交流、繁荣和融合使得社会变得更加多元化和开放，人们对物质和精神的要求越来越高，进而对美学、社交、求知、自尊、品位的需求也越发强烈，这些都是高职院校和企业合作过程中所要面临的挑战。文化传统是一个国家、地区和民族在较长的历史时期所形成的一种社会习惯，也是影响市场经济活动的重要因素，如中国春节和西方的圣诞节、情人节等背后都蕴藏着深刻的经济理论和商业机会等。

社会流动性主要涉及人口内部的群体规模、社会阶层之间的差异以及不同阶层之间的转换率、财富构成变化等，不同的阶层对高职院校和企业的期望也会不同，如高职院校和企业对员工的评价标准是工资收益、科研成果、论文数量等，而消费者则主要关心的是产品的价格和质量、教学的效果和学生的就业质量等。消费心理对校企合作的战略也有很深的影响，如有的消费者就是要追求新鲜、前卫、时尚的产品、课程和活动体验，因此高职院校和企业的合作目标就必须考虑到产品的类型以满足不同心理需求的顾客的消费需求。

（3）科学技术环境因素。科学技术环境是指随着生产力的不断提高，社会技术总水平的发展变化的趋势。科学技术是社会生产力最活跃的因素。技术的突破和变迁不仅会对单个经济体产生影响，而且还会对政治、经济、文化等社会环境产生影响并相互作用，反作用于技术环境。技术是第一生产力，是全球化的主要驱动力，是任何经济个体永葆竞争优势的王牌后盾。如今，科学技术的迅猛发展、深刻变革正对每个经济个体的整体发展状态产生着巨大的影响和冲击。对企业而言，科学技术的快速发展使企业技术的更新能力面临挑战，企业必须时刻保持对新技术的敏感嗅觉，尤其需要关注行业内部相关科学技术的现有水平、先进水平、可能突破的方向及发展的速度，不管是对于新材料、新设备、新方法和新工艺等"刚性"技术，还是对于先进的管理理念、管理方法、管理技术和管理模式等

"柔性"技术，都需要随时跟踪掌握和改进。就高职院校而言，高职院校承担着为社会培育人才的重要职责，也是国家科学技术研发创新的重要输出地，对国内外先进技术前沿的把握和技术发展趋势的把握必须保持超前水平。另外，科学技术环境不仅直接影响着高职院校的硬件建设、教学方式、科研方向和科研成果的认可度等，还同时与其他社会环境交叉融合、相互作用，最终通过市场调控反过来影响高职院校的下一步发展。

互联网技术的快速发展使得科学技术具有变化快、变化大、影响面广和传播迅速的特点，这极大地缩短了技术交流的时间，拓展了技术扩散的范围。高职院校和企业如果技术创新不及时跟进，就难以获得竞争的优势和持久性。在这种情况下，高职院校和企业都有提高自身技术水平的迫切需求，校企合作的强强联合方式不仅能够满足双方利益诉求，而且能够极大地缩短技术创新的周期，能够实现充分的资源共享。校企合作建立共同创新的合作伙伴关系，这是科学技术发展所起到的推动作用。双方通过协同创新合作，取得技术突破后推向市场，这又会成为下一步校企合作的新推动力量，经过几个循环和周期，最终形成了一种良性循环。学术界将此种模式称为"技术规范—技术突破—技术轨道"模式，即新技术的突破一旦形成惯性和模式就会构建出能够源源不断产生新技术的技术轨道。

此外，科学技术对校企合作的方向还能产生诱导作用，对技术创新的趋势能够产生预期，进而影响校企合作的战略选择。例如，技术的进步能够使企业进一步增强对市场和客户的分析能力和控制能力；新兴技术的出现会导致其他行业对本行业产品和服务需求的增加，可以帮助高职院校扩大合作范围，使企业扩大经营范围和开辟新市场，增加收益；技术进步会使生产方法不断更新，从而可以使企业在不增加成本的情况下提高产品性能和服务的优质程度，从而巩固竞争优势；技术更新会增强用户体验，导致旧产品被淘汰，缩短产品在消费者手中的生命周期，激发更多的购买需求；新技术的发展可以使高职院校和企业更有意识地注重自身的社会责任和关注可持续发展、增长的问题，如必须注意环境保护、避免不必要的资源浪费等。

环境因素本身对校企合作的影响具有一定的层次性，社会文化环境可以作用于其他因素而间接地对校企合作产生影响，并蕴含着诱发合作进行技术创新的精神动力。因此，环境因素是最深层次的因素。政治因素、市场经济因素和科学技术因素对校企合作主要产生直接影响。科学技术环境主要由科技知识和技术水平的积累量构成，记录着一个国家的科学发展历程。科学技术环境对校企合作的作用有两面性，既可以以技术创新为推动力促进校企合作行为的发生，也可以会因落后的技术水平制约校企合作的发生。同理，经济环境和政治环境也可为校企合作提供相关要素、空间和规范标准，既可以为校企合作提供动力，也可以对校企合作的方向产生约束。由此可见，校企合作行为实际上是在各种因素、制度和环境的共同影响和约束下，为了各自的利益诉求而相互促进、相互妥协并不断创造知识和产品的过程。在具体的环境氛围中，校企合作交织出一张密集的、具有明显环境特征的合作关系网。

2. 内部环境因素

校企合作的内部环境因素是高职院校和企业能够达成合作的内力，主要包括以下因素。

（1）经济效益因素。经济利益是高职院校和企业实现合作，并保持合作的最直接、最根本的动力，它是校企合作机制中活跃程度和被考虑频率最高的因素。企业的最终目的是追求利润的最大化，高职院校的最终目的是实现教育资本的丰富积累，二者进行合作的根本目的都在于获得高于单方面运作所带来的效益。经济效益因素所包含的内容较多，既包括宽裕的现金流、先进的资产设备、现代化的生产环境等显性经济利益，也包括专利、知识产权、分析报告、智力智囊等隐性经济利益。

根据实现的周期长短，经济效益可以分为长期利益和短期利益。长期利益有利于维持校企合作的持续性和稳定性，短期利益有利于促使校企双方达成合作共识，二者对校企合作具体模式的影响存在差异。如果高职院校和企业在合作过程中是为了追求短期利益，在合作过程中会主要考虑现有已经较为成熟的技术成果、产业格局、市场布局，进而寻求生产要素方面的快速创新、合作和互补。如果高职院校和企业在合作过程中是为了追求长期利益，在合作的过程中会主要考虑创新的方向、产品的新工艺研发、新技术的推广和实验，并尽量忽略在合作过程中产生的短期利益的流失，最终实现的是几倍于流失的短期利益的长期利益。

总体而言，校企合作机制构建的本质在于不断创新经济效益的实现路径、保证速度和实现成本投入的最小化，经济效益因素会一直存在于校企合作的过程之中，并同时诱导双方不断克服困难，促成合作。

（2）主体战略因素。主体战略因素主要是从主观意识形态层面对校企合作机制产生积极促进作用，这区别于创新资源等客观层面的环境因素。战略主要是从全局考虑、谋划实现全局目标的规划，是一种长远的规划和远大的目标，周期较长。对于高职院校和企业而言，战略主要是高职院校和企业领导层就未来长期发展所做出的宏观规划决策，一旦确定就会是开展各项工作的基本准则。

尽管高职院校和企业在管理体制和运行方式上存在较大区别，但是其领导层对组织的作用是相同的，可以说领导层在校企合作创新方面的总体战略规划决定着高职院校和企业的两个主体的合作程度及频率。对于重视主体合作战略的高职院校或企业而言，整个主体不仅在创新资源方面会有较大的投入，同时主体的组织内部也会形成有利于创新资源扩展和技术创新的管理体制，为生产、研发提供良好的环境，为创新的频率和效率提供更有利的条件。高职院校和企业的领导决策层如果把校企合作机制建设提升至发展的战略高度，那么在日常的科研、生产、生活中，高职院校和企业都会积极主动地去寻求符合自身发展、条件合适、目标类似的主体进行合作，并逐步确立合作关系，从而进一步稳固和提升自身的生产和创新能力。此外，领导决策层对于校企合作机制的重视程度是影响主体间合作力度和效果的主要因素，同时也影响着双方的合作文化氛围，影响着双方的发展意识、创新意识和技术更新能力，进而对合作主体之间的合作效率和创新效率产生间接影响。总而言之，主体战略因素对于校企合作机制发挥着主观能动性的推动作用。

（3）创新资源因素。创新资源因素主要是为保障高职院校和企业能够持续顺利合作的相关要素，如人才、资金、技术、信息和设备等各种必备资源。在现实的市场经济环境中，高职院校和企业所拥有的创新资源都是有限的，不仅资源的分配不均或呈现极端现象，还会受到各种条件的限制，以至于不能充分发挥出其能量，这样就会很容易导致单个主体进行生产创新活动时由于缺少特定的资源而陷入停止状态。恰恰是这种对于某种特定资源的迫切需求激发了高职院校和企业寻求合作伙伴的意识，双方均希望通过合作实现创新资源结构的优化和互补，提高和确保合作创新过程中的命中率和成功率。

企业在资金资源方面拥有较为自由的支配度，整体优势较为明显，但是在特定技术人才、智库资源和技术成果积累方面相对有限；而高职院校则相反，由于其自身财政来源的限制和商业运作的缺失，往往在研发资金方面存在很大的缺口，但是高职院校由于其相对稳健的科研状态和能力，积累了丰富的科研成果和技术资源，同时其天然的育人功能使得其在人才的数量和质量方面都处于明显的优势地位。高职院校与企业的合作，一方面，企业的资金资源能够注入高职院校，助力高职院校的科研创新，为高职院校弥补资金缺口，而高职院校的技术和人才也会源源不断地注入企业，填补企业的人才结构缺陷；另一方面，在合作的过程中，企业所获得的最新市场信息和高职院校积累的技术信息能够寻求更好的融合点，实现合作创新与市场需求的即时接轨，为科研成果的创新转化和产学研结合的产业化布局打开局面。总而言之，创新资源因素在校企合作机制中的作用不容忽视。

（4）技术积累因素。技术积累是指合作主体双方在发展过程中利用所掌握的知识存量，不断进行技术更新和能力积累的过程。整体而言，技术积累因素是一个随时变化的动态连续性过程。不管是高职院校还是企业，与整个行业的技术知识积累的总量相比较，单独创新主体所拥有的技术和知识的现有存量是可以忽略不计的，而单独创新的个体只有在发展的过程中不断增加和提高自身的技术知识总量，才能在整个行业群体中获得领先地位。退一步来讲，即使是单独个体实现了行业领先地位的目标，也无法保证在现实的生产活动中技术更新积累是顺畅的，很有可能遇到技术瓶颈问题。在这种情况下，单独依靠企业自身的条件是很难克服瓶颈的，甚至还会错过最佳解决时期，这时就需要依靠外部环境的支持。如果单纯依靠成熟个体的支持，所需成本往往较高，在这种情况下选择合作、创造合作机会就会成为最佳的选择。在建立校企合作机制的情况下，高职院校或企业不仅可以吸收来自对方的技术知识，用好已有存量，而且在合作过程中还会产生更新型的、更节省成本的技术知识，最终保证校企双方在技术积累方面的合作共赢。

（5）潜在风险因素。任何形式的合作都存在着很大的不确定性，潜在风险无处不在。在合作创新中，双方投入的资源一般都比较大，但是合作能否产生预期的成果以及产生的成果能否最终实现产业化，创造出效益，并被市场认可，这些都存在着较大的随机性和不确定性，而且很多影响因素是不受合作主体控制的。这主要可从两方面分析：一方面，对企业而言，企业是合作机制中资源的主要承担者，主要提供资金等高职院校所不具备的资源，通过与理论知识积累丰富的高职院校进行合作就可以削减风险指数，提高成功和资源共享的可能性；另一方面，对高职院校而言，经费缺乏是所有高职院校都会面临的问题，对学生的管理和培养等方面的创新就会在数量和规模上受到限制，而且本身承担风险的能力有限，通过与企业进行合作就可以将此风险降低甚至规避掉。因此，高职院校在没有资金负担和资源限制的情况下能更加深入地进行相关工作的推进。所以，降低和规避业务创新和拓展的风险也是促进校企合作的一个重要方面。

3. 合作机制运行规制因素

影响校企合作运行的规制是这样理解的：合作机制只有合作主体双方主动去建立与其发展相适应的合作流程、合作细节以及相关的规范化的标准制度，才能使高职院校和企业两个具有完全不同文化的主体建立统一的管理规范和业务流程，实现合作机制中的各种资源的无障碍、有效配置。因此，在合作的过程中通过合作机制来规范企业与高职院校的合作过程。通常而言，这里所说的合作机制的内部规制具有五种职能：一是完成资源配置，通过完善资源在机制内部进行流转配置的规制，最大限度地节约流转资本，提高效率，保证有限的资源能够都配置在最需要的位置上；二是实现有效激励，通过机制内部合理激励机制的构建，最大限度地调动机制主体创新的积极性；三是控制潜在风险，即通过机制内部的监督管理和动力平衡机制，在风险的潜伏期进行源头防范；四是构建合作秩序，使机制中相关主体在合作过程的各个环节能够相互信任、相互扶持、相互协作，有序发展；五是统一标准，通过规范合作主体的管理制度和规范、业务流程和标准，形成相同的或者具有兼容性的判断标准。通过合作机制的这些职能恰到好处地发挥出正面的影响效果，才能够保障校企合作的畅通持久。因此，合作机制是一个重要的规制因素。

(三) 产教融合的相关机构因素

1. 上级主管部门

上级主管部门对校企合作有着至关重要的作用，对校企合作起到了约束、促进和监管的作用。同时，上级主管部门的发展理念和经营格局对下属高职院校办学和行业内部校企合作的支持度有着很大影响。如果主管部门非常注重行业或企业的长远发展，就会加大对人才储备和培养的力度，重视技术的不断创新，从而促进校企合作的建立。这种支持办学、服务社会的责任感又会促使更多的企业和高职院校效仿，从而出现连锁效应和共生效应，促进全行业的协同发展。

上级主管部门的社会地位会影响其对校企合作的合作意愿、支持力度、给予的合作资源的种类和质量等。一般而言，上级主管部门的社会地位越高、经济状况越好，校企合作的合作成功率就大。

2. 中介机构

尽管校企合作双方的合作是自愿的、出于市场需求的，合作双方确实存在着资源和能力的互补，但当高职院校和企业之间的合作关系的建立处于徘徊中时，如果存在双方都信任的专业机构出面协调担保，双方的合作就会容易达成。由此可见，中介机构在这个过程中发挥着重要的桥梁纽带作用，它的存在和介入降低了高职院校和企业合作双方的不信任感以及在寻求合作伙伴时的人力成本。此外，在中介机构比较成熟的行业，高职院校和企业对从中介机构处获得信息有着同等程度的依赖性。

（1）金融机构。金融机构是指从事金融服务的相关机构，是金融体系的一部分。在校企合作过程中，金融机构的介入可以通过办理科技信贷的相关专项业务有效地解决政府、高职院校和企业三方的资金问题，是校企合作平台的融资来源和渠道。科学技术投资是一种高风险和高回报的新型投资活动，被风险投资专家所青睐。

（2）科技中介机构。科技中介机构是指面向社会开展技术扩散、科技评估、创新决策，为创新主体提供成果转化、创新资源配置和管理咨询等社会化和专业化支撑的服务机构。科技中介机构属于典型的知识密集型服务业，也是国家创新体系的重要组成部分，能够为校企合作提供专业化的支持和服务，以促进校企合作的完成。

科技中介机构对校企合作的支持主要有三种类型：一是直接参与校企合作项目技术创新过程，主要提供一些具体的服务支持，如通过成立工程技术研究促进中心促进校企合作过程中的生产力的提高和技术创新的科技规范等；二是利用自身的技术和市场优势、现代企业管理的专业知识为校企合作的项目或主体提供市场性、专业性都较强的咨询服务，如科技评估、招投标信息技术咨询、情报信息积累分析、知识产权和专利事务咨询代办等；三是通过技术市场、人才市场和产权交易机构等为科技资源的市场流动和转化提供信息、咨询和中介服务，实现科技资源的有效配置和效益最大化。中介机构的加入为合作双方提供了信息、技术、法律以及知识产权方面的强有力的支撑，为校企双方能够制订切实可行的合作方案奠定了基础，也为校企合作项目平台中的人才招聘、培训、评级和推荐提供了便利。

科技中介机构的资源整合作用对校企合作而言具有较强的吸引力。科技中介机构对资源的整合主要有以下两种方式。

第一，高职院校或企业选择的合作对象有时不止一家，不管是同类行业还是不同类行业在校企合作过程中的某些技术领域都会存在着一些共性，如果每个项目都靠自己研发不仅重复投资，而且有时技术的复杂性和人才需求的专业性过强使得这些共性技术并不是每一家企业都能有能力掌握，这时科技中介机构就可以发挥其优势，通过对多家企业的需求调研，再与专业科研机构对接，对校企合作具有共性的中间技术和需求进行定制开发，各家参与机构只需要支付比自己单独开发要低得多的费用就可以拥有使用权，然后根据项目的特殊需求进行二次开发。但是，由于涉及多家企业和科研单位，这种方式在具体的协调过程中存在着诸多的协商问题和交易成本，有待进一步探索和研究。

第二，科技中介机构有时会对一些可能吸引企业的项目先与高职院校进行合作投资，当项目成熟到一定程度、具有转化为现实经济效益的时候再跟企业沟通并邀请其加入。这种方式的优点在于降低了校企合作前期企业面临的不确定性和风险性，有利于激发企业参与的积极性；缺点是科技中介机构在这个过程中成为完全的风险投资人，承担了所有的潜在风险，如果这些资金的来源是通过融资或者政府拨款而来，那么就相当于把风险转嫁到投资者和政府的身上。

总而言之，科技中介机构如果组织得合理得当，再加上良好的信誉和沟通协调能力，能够显著地提高校企合作的绩效，为更多的校企合作奠定基础和提供可借鉴的经验。但是，信用保障机制和成熟的利益分配模式的缺失，导致多方沟通的成本太高，使得合作的过程中存在着很多障碍。探索出一种缓解合作主体矛盾、信任体系完整和利益分配机制明确的科学组织模式，是进一步提高职院校校企合作成功率的关键。

（四）产教融合的各主体影响因素间关系

1. 学校与其他因素的关系

（1）高职院校和企业。高职院校和企业之间是一种供给方和需求方之间的市场供求关系。企业出于自身发展和市场竞争的压力，对人才和技术的需求是持续不断的，而高职院校这时就是供给方；同时，高职院校需要募集更多的发展资金和支持、实现科研成果的现实转化以及为学生提供更多的实践基地等，而这时企业就是供给方。高职院校和企业之间的关系是校企合作机制中最基础、最稳定和最重要的关系，是其他所有因素之间的关系形成、发展和完善的源动力，并制约着校企合作关系的继续还是终止，同时也会随着校企合作关系的变化而变化，构成新的机制和关系来服务和制约校企合作关系的发展。

高职院校和企业之间的供求关系决定了合作主体双方的利益共享和分配机制。在这个子系统中，高职院校和企业既有利益共同点，又有利益分歧点，只有双方都寻找到自己的合理利益点，供求关系才能达到平衡。这种供求关系能否达到平衡，也影响着其他因素之间的关系是否达到平衡，以及各因素之间关系的走向和表现方式。

（2）高职院校与政府部门。高职院校与政府部门虽然是行政上下级关系，但是二者之间的关系更倾向于服务型的、友好的利益同盟关系。这种关系主要是由二者自身的属性和职能所决定的，也是通过高职院校的上级主管部门来进行联络和传递的。尽管高职院校是独立法人，而且有政府上级主管部门的直接管辖，但是政府其他相关部门所制定的规章制度以及整体的发展战略和激励考察机制等依然会对高职院校的发展方向和具体措施产生影响，进而对校企合作产生影响。

（3）高职院校和上级主管部门。高职院校和上级主管部门之间是一种行政隶属的管辖关系，即高职院校是归上级主管部门领导的。这就决定着高职院校有很多事情都不能自作主张，必须由上级主管部门进行审核批示之后才能进行，因此高职院校的发展在很大程度上取决于上级主管部门的支持力度。上级主管部门的整体发展规划和管理理念直接影响着高职院校的发展，尤其是高职院校与相关企业的合作。上级主管部门可通过行政手段、政策措施和源头把控等多种方式促进和推动校企合作关系的建立，同时主管部门的改革和发展又依赖于高职院校的改革和发展，尤其依赖于高职院校丰富的人力和智力资源。因此，高职院校和上级主管部门之间的密切度、友好度直接制约着高职院校和企业的合作关系的建立与维持。

2. 企业与其他因素的关系

（1）企业与上级主管部门。企业与上级主管部门之间是行政隶属关系，也是合作伙伴和利益共同体，尤其是国有企业。企业的发展代表着主管部门的绩效，企业的利益直接关系到对当地税收的贡献。企业与上级主管部门之间的关系比高职院校与上级主管部门之间的关系要紧密、直接和明显。这主要是因为企业和上级主管部门之间的关系是双向的，而且是以经济利益为纽带的共同合作的关系；而高职院校的主管部门一般都是教育部或者地方的教育厅、教育局等，它们之间的关系则主要是单向的，即上级主管部门为高职院校提供发展支持，高职院校由于其自身不产生经济效益而与主管部门之间也没有经济利益往来。

企业的上级主管部门通过制定行业规划来指引和领导行业内企业的发展，主管部门更多关注的是本行业的经济收益，如此也会更加关注行业内企业的发展需求和利益诉求；企业的发展又决定着本行业的发展，代表着行业的发展水平，促进行业产业结构升级和改革的基础。因此，更确切地说，企业与上级主管部门之间的关系是一种在政策上依赖、在资源上共享、在利益上共赢的关系。

（2）企业与政府。企业与政府之间的关系是互相影响、互相妥协和互相渗透的博弈关系，直接关系到校企合作能否产生和顺利执行。所谓博弈，是指企业和政府在一定条件和规则之下，从自身利益出发选择自己认可的行为或策略并加以实施，并从中获取各自利益和结果的过程。企业和政府博弈的案例有很多种，如价格战博弈和环境博弈等。其中，价格战博弈虽说是企业和企业之间的一种为了追求利润最大化而进行的市场商业竞争，但是如果企业采取联合行动就会将价格战转向价格垄断以实现利润的最大化，这就会破坏社会的整体经济效益，使得自由竞争的市场失去自主调控的功能，扰乱市场秩序，而这时就需要政府出面干预，避免此种情况发生。环境博弈是指假如企业为了追求自身发展污染了环境，政府并没有制止，那么企业就会以牺牲环境为代价而继续追求利润最大化，丝毫不会投资于环保设备。如果只有一家企业投资于环保设备，那么该企业的成本就会增加，产品价格就会提高，就会影响市场竞争力。这时就需要政府出面对环境污染进行强行管制，这样企业才会重视环境，进而采取低污染的价格组合策略。

由此可见，在现代市场经济体制下，企业和政府的关系主要是政府在市场自主调节的基础上对企业的行为进行干预甚至强制执行的关系。企业是政府最重要的利益同盟者，企业的兴旺发展与政府的政策和干预息息相关，政府的决策和干预不得不充分考虑企业的需求。但是，有时企业为了追求利润最大化，又总是挑战政府职能的极限，使得政府不得不采取强制措施进行干预。因此，二者之间始终保持着一种相互依靠、相互制衡的关系。如果企业能够在遵守法律法规和社会公共政策的前提下实施商业行为和追求利润最大化，那么政府就可以尽可能地为企业的发展创造条件和提供政策支持，从而间接地促成校企合作的顺利进行。

3. 其他耦合关系的辨析

（1）中央政府与地方政府。中央政府与地方政府之间的关系是一种垂直结构的、领导和被领导的、层层节制的关系，还存在着一种基于权利分配关系基础上的利益分配关系。中央政府对地方政府既有依赖又有制约，其中依赖是指依赖层层地方政府执行中央的命令和指示，而制约是指保证地方政府在遵守各项法规政策的前提下寻求当地经济的发展。地方政府对中央政府则是既归属又相对独立，其中归属是指地方政府及领导是中央政府组织、任命的，主要职责是响应中央号召、执行中央政策，而相对独立是指地方政府在执行中央政策时始终代表着地方利益，不得不在中央政府的命令指示和地方经济发展的需要之间寻求平衡，将中央政策进行符合地方利益的解读且照此执行。因此，二者在校企合作中的作用也不尽相同，其中中央政府主要侧重于发挥宏观引导、规划以及监督管理审查的作用，而地方政府则主要是在响应贯彻中央精神和政策的前提下，根据自身的经济发展和独立利益需求对校企合作进行政策扶持和定向引导。

（2）主管部门与政府。不管是高职院校的主管部门还是企业的主管部门，一般都是一些具有明显行业特色的基本行政管理机构，往往直属于国务院或地方政府直属机构，代表中央政府或地方政府行使宏观规划、微观指导以及监督管理的职责。一般而言，主管部门一般受政府部门的直接领导，工作任务也是由政府部门直接委派，行为准则和部门整体职能规划受到政府部门的制约和调控。由于企业与上级主管部门之间的关系紧密度要高于高职院校与上级主管部门之间的紧密度，政府部门就可以通过制定相应的科技、投资和市场政策法规，行使行政职权进行监督引导以对校企合作进行促进或限制。

（3）中介机构与高职院校、企业和政府。中介机构受政府管控，在高职院校和企业的合作之间发挥着穿针引线的功能。中介机构一般也是以营利和获得支持为目的的，会对政府的政策、发展战略和重点扶持方向进行深入、透彻的分析，并紧跟政府的脚步随时随地调整自己的服务对象和方向。因此，中介机构也是政府作用于校企合作的"传导器"。金融和科技等中介机构的建立和完善，实际上是代替政府为校企合作进行有效的和专业的金融、科技等服务，在高职院校和企业之间主要起沟通联络、帮助扶持和牵线搭桥的作用，尤其是风险投资的加入有效地为政府缓解了财政风险，降低了校企合作过程中不可预见风险的发生概率，进而直接影响校企合作的达成和实施程度。

第二章　产教融合的路径选择与优化

第一节　产教融合的共育之路——工作室

自 20 世纪 80 年代后,工作室模式在我国高等院校的人才培养、社会服务及教师技能提升中凸显出较好的效果,继而推广到职业技术教育、基础教育领域。目前,工作室模式在职业技术教育领域方面的研究远多于普通高等教育领域。"在职业教育新一轮发展中,提高职业教育质量是核心,产教融合、校企合作是主线,机制体制创新是重要保障。"①近年来,职业院校工作室建设全面铺开,并出现了教师工作室、名师工作室、大师工作室、"双师型"工作室、创新创业工作室等多种形态,且具有主体多元、模式多样、功能多维等特点,还出现了工作室建设与现代学徒制试点共融发展的新趋势。

工作室模式在职业院校通常按照"适应教师自身发展"的原则,以工作室群体智慧为依托,以"打造'双师型'团队,实现产学研合作"为目标,以自发自由组织为原则,以专业带头人、骨干教师、优秀教师为创建主体,以专业实训室为主要场地,以承接企业项目和实践教学为主要任务,以企业真实项目为载体,将教学、科研、实践和培训融为一体,培养高素质技术技能型人才,打造高素质高水平的"双师型"结构教学团队。当前,在职业院校,教师工作室、名师工作室、大师工作室、"双师型"工作室、创新创业工作室等类型工作室既是学校教师的工作室,又是专业学习的实训室;既是企业项目开发中心,又是学校教学资源的开发室;既是校企合作平台,又是教师技能提升中心。职业院校工作室的建设推动了教师积极融入校企合作、生产实践、课题研究、技能训练和技术创新,激发了企业参与职业教育的积极性,实现理论指导下的实践回归与实践探索中的理性提升。工作室模式的发展不仅提升了职业院校教师的地位,并在一定程度上使职业院校教师获得了一种前所未有的学术自由主体身份认同感。

---

① 蒋新苹. 新时代高职产教融合路径研究:以"入园建院、育训结合"为特征的产业学院育人模式研究 [M]. 广州:中山大学出版社,2021:5.

此外，教师工作室能让具有共同兴趣爱好、价值取向和工作方式的教师、科研工作者、工程师、能工巧匠等进入一个他们认同的工作团体。在工作室，不同专业背景的教师可进行相互交流、沟通和学习，取长补短，综合运用多种学科于一体，既利于教师自身的发展，也利于教师工作室的长远发展。此外，工作室为职业院校与企业合作提供了场所，使得企业的实践技术与职业院校的理论在教师工作室完美融合，实现学生、教师、企业、学校等多方共同进步与发展。

工作室模式最早出现在欧洲的设计人才培养领域。1919年，在德国魏玛建立的国立包豪斯学院开创了工作室教育的先河。包豪斯设计学院的办学宗旨是使艺术和手工艺与工业社会需求相统一，培养一种具有较高艺术理论修养并掌握工艺技能的复合型人才，其"知识与技术并重，理论与实践同步"的运行模式至今都影响着世界教育。"工作室制"模式也起源于此，最初以艺术创作"作坊"的形式被提出，后来以"作坊"为雏形的更加适合创作与生产、融理论教学与技能训练为一体的"工作室制"教学模式逐渐形成并发展起来。

我国最早引进"工作室制"教学模式的是艺术设计类专业，如中央工艺美术学院、湖南大学等院校在20世纪80年代就开始尝试基于教师工作室的教学改革，后来"工作室制"教学模式逐渐推广到近300所设有艺术设计专业的院校。相较而言，我国高职院校在此领域的探索起步较晚，但也取得了不菲的成绩，如湖南工艺美术职业学院构建"专业+项目+工作室"工学结合人才培养模式，上海电气李斌技师学院在数控、电工、焊接等专业应用该教学模式成效明显。此外，无锡商业职业技术学院、浙江工商职业技术学院、宁波城市职业技术学院等在教师工作室建设方面也取得了较大的成效。

一、工作室建设的核心功能

职业院校工作室的建设是针对人才培养与社会需求脱节、难以实现产教融合培养创新型高素质技术技能型人才的现状，通过创新管理机制制定和完善工作室建设的长效机制，深化产教融合人才培养模式，推动教师借助工作室平台实践校企合作的创新，调动学生参与"寓学于工"的改革，激发企业参与育人的积极性，使学生在工作室完成项目学习任务。

建设职业院校工作室是学校、企业和政府培养高技能人才的一项重要工作，必须坚持育人与科研相融合的指导原则。职业院校工作室与其他工作室最根本的区别在于其"育人"的职责。职业院校以技能人才培养目标为主导，在培养过程中尊重技能人才成长规律，将教师的技能特长、工作项目相融合，突出技能人才培养的有效性；在工作室建设和运行过程中以教学为主要目的，通过教师工作室实际工作任务来完成教学，让学生要参与有挑战性的工作，允许尝试，允许失败。同时，工作室要承担研究性工作任务，学生要参与教师的实际研究课题，承担真实的任务；工作任务要具有原创性，才能够承担科技创新、创业的目标，才能培养学生的创新精神，使其掌握创新方法。

职业院校工作室建设的核心功能定位为技术开发和技术技能人才培养，具体主要定位于以下功能。

第一，应作为教师的成长平台。工作室以经验丰富、德艺双馨的教师为核心，吸纳中青年骨干教师，以校企合作的形式积极开展课程开发、教材开发及教学方法改革等工作，不断提高教学水平和质量，同时加大对中青年教师的培养力度，努力使其专业向更高层次发展，建立名教师与中青年教师合作互动的培养机制，使其成为青年教师不断成长的良好平台，形成一套完善的教师教育理论并可以使之终身学习、专业技能提升、教科研能力成长方面的行动策略。

第二，作为职业院校开展技术技能人才培养的平台。工作室注重加强对学生技能及创新能力的培养，结合企业生产技术的发展方向，有效地开展技能大赛、创新大赛选题及发展研究，加强对优秀学生的辅导，突出分层教学要求，为学有余力、有技能提升兴趣的学生提供更好的发展平台。同时，工作室培养方式不是规模化培养，而是导师带徒弟的一对一或一对多，相对"精雕细琢"式的个性化培养。

第三，为社会服务能力提升平台。以工作室负责教师及成员为骨干力量，积极开展各类教研、科研活动，组织并带动教师开展各类课题研究、学术讨论与交流，提高教师科技创新能力，推动全校教育教学科研水平不断提高。同时，强化社会服务意识，适时拓展工作室的服务功能，结合创业教育、创新教育，指导学生社团建设，利用专业优势开展面向本校学生、教师或社会的专项服务，通过工作室成员的共同努力，强化学校、教师、学生为企业提供技术研发服务的能力，提升工作室的影响力以及对周边地区的辐射功能、提高为企业提供技术研发服务的能力。

第四，为专业和课程创新提供平台。高职院校以工作室为平台，由优秀教师团队担纲，通过校本探索、校际交流、总结推广等活动，充分发挥教师的经验和水平，共同研究制定专业建设发展规划，完善人才培养模式，根据各专业的不同特点研究制定建设规划及建设方案，不断优化课程体系，适时更新调整实训课程内容，指导实训教学，开展教学成果展示，改革学业考核评价机制，建立科学评价制度。同时，在工作室教师的引领下，积极开展技能大赛相关工作的研究，强化大赛指导教师队伍建设，加强对技能大赛要求、内容、技术走向和技术标准等方面的研究，不断探讨、优化技能大赛指导、训练方法，提高效率，培养一批技能大赛优秀指导教师，进一步完善和优化竞赛选手的选拔制度。

二、工作室模式的建设成效

我国职业院校工作室的建设尚处于大力发展阶段，各职业院校在建设工作室过程中具有较大的自主权，使职业院校工作室的建设具有很大的灵活性，也为职业院校教育教学、人才培养等带来了新的发展动力。在全国职业院校工作室建设实践中，工作室建设成效主要体现在创新人才培养模式、提高教师技术技能等。

在职业院校人才培养过程中，通过将有生产项目的企业引入学校——落实了学校有满足教学需要的企业工作项目，通过教师到企业顶岗调研及参与企业项目开发——提高了教师有驾驭工作项目的能力，通过企业参与教学资源及建设教学过程——实现了教学有融入工作项目的内容，通过学生在企业项目中学习、实习——提升了学生有操作工作项目的技能，即"双师型"工作室的建设搭建了校企合作的平台，实现了学校有工、教师能工、教学融工、学生会工的"四有工"局面。

此外，为充分发挥工作室服务人才培养的目标，实施人才培养模式改革，将企业真实任务作为教师技术研发课题、技能竞赛培育项目、学生生产性实训内容，把学生学习过程变成完成工作任务的过程，使师生自觉接受、主动参与人才培养的建设，使学生的创新能力得到锻炼与提高，开创了一条高技能人才培养与社会服务相结合的工作室人才培养模式。工作室教学模式为专任教师提升技能搭建了良好的平台。在明确为中小企业服务的定位下，专项投资建设集学生生产性实训教学、职业院校技能竞赛培育、企业生产项目研发及教师服务企业能力培训等功能的四位一体工作室，使教师与企业真实项目进行了直接对接；教师工作室管理制度将教师联系企业与工作职责、服务企业与个人业绩、成果转化与个人收入相结合，激发了教师的项目研发潜能，提高了教师工作的积极性和主动性，提升了教师的专业开发能力，为教师的专业成长和发展提供了不竭动力。

第二节　产教融合的特色之路——特色专业学院

高职教育是我国向高等教育大众化阶段迈进的一个重要组成部分，在近些年的教育发展中以其强大的创新力和蓬勃的生命力创造了高等教育的新辉煌。但是，在发展过程中也出现了一系列问题，不少高等职业院校的专业设置和结构不合理，如办学同质化异常严重、投入严重不足、实行学科本位的育人模式、"双师型"教师缺乏、与行业企业互利共生的运行机制尚未真正形成等，学生的实践和创新精神有待加强，教育教学质量还不能完全适应市场经济社会发展的需要。究其主要原因，高等职业学校的专业建设缺少学校层面的顶层设计，专业特色不够鲜明。经过资料检索，相关文献多集中在特色课程、特色专业或特色专业群的建设方面，这些研究没有从更高层面来考虑，即从学校层面，从课程、专业、专业群的建设与支撑体——学校层面来考虑。特色专业学院的建设有利于学校针对区域产业链准确定位，有利于院校之间的错位发展，有利于提高政府投资的成效。

高等职业教育在整个职业教育体系中应该起到引领和推动作用。地方高职院校为了进一步满足服务区域经济社会发展和产业转型升级的需要，必须在新型城市化发展道路中找准定位和目标，在校企合作中实施"现代学徒制"试点工作，全面推进高等职业教育特色发展，提升高职教育对产业发展的促进和带动作用。高职院校只有坚持以政府、学校、行业及企业四方协同发展为引领，以提高职业教育质量为生命线，大力实施"特色发展战略"，全面深化教育教学改革，大力推动特色专业学院建设工程，积极推进"现代学徒制"试点改革，提升学院人才培养、科学研究、社会服务和文化传承创新能力，才能不断增强学院的核心竞争力，打造高职教育品牌。

建设特色专业学院是广州市高等职业教育体制机制综合改革的独特做法。政校行企共建特色专业学院是为主动适应高等职业教育发展的新形势，发挥国家中心城市职业教育示范作用，引导不同类型院校进一步明确办学定位，以有深厚行业背景优势的职业院校依托，借政企之力创新体制机制，促进校企深度合作，发挥专业优势，办出专业特色，实现软硬教育资源的效率最大化，为同类高校专业建设和改革发挥示范带动作用。

高等职业院校通过构建政校行企共建共享运行机制，面向区域发展产业，重点建设紧贴产业发展需求、产教深度融合、专业群特色鲜明、人才培养质量高、社会服务成效显著、社会认可度高的特色专业群，以服务产业链为目标，组建特色专业及专业群建设委员会，构建协同校内外优质教育资源共同开展专业及专业群建设的长效机制，引导高等职业院校进一步明确办学定位，发挥特色专业优势，借政企之力促进校企深度合作，打造"领导班子、师资队伍、学生培养、学院资源及生态环境"五好特色专业学院，建成与区域发展产业对接的人才培养基地、科技创新基地、文化传播基地、师资提升基地和社会服务培训基地。

特色专业反映了其与其他专业存在的不同个性特征和独特的竞争力，是一所学校办学综合实力的主要因素之一。高职院校面对日益加剧的市场经济竞争新形势，进一步加强特色专业建设是获得可持续性发展的战略手段。教育部制订的高等职业院校人才培养工作评估方案就是从建设目标、培养模式、师资队伍、课程体系与教学内容、教学设计与教学方法、实践教学、社会服务等方面对特色专业进行考核的，这为高职院校加强特色专业内涵建设明确了方向。具体而言，高职院校的特色专业是在明确的办学思想指导下及长期的教育教学实践中逐步形成的，对进一步提高高职院校人才培养质量起到重要作用。被行业、企业、社会及学校一致认可的具有鲜明特色的专业，是学校代表专业在培养目标、课程内容及课程体系、"双师型"团队及培养质量等方面具有较高的办学质量和鲜明的办学特色，具有较好的社会影响和办学效益，是高水平、高标准、高质量的专业，是"人无我有、人有我优、人优我新"的优质专业。

高职院校开展特色专业建设的目的是满足国家经济社会发展对高素质技术技能型人才的需求，是为了引导各高职院校对接区域经济发展需要、依据自身的办学定位，确定学校个性化的发展目标，发挥学校特有的专业优势，办出学校特有的专业特色，带动学院相关专业及专业群建设的整体水平，提升学校整体办学实力，提高人才培养质量，促进学校特色化发展，使学校在社会竞争中获得持续优势能力。

特色专业学院特指在现有高职院校办学体制下，通过构建政校行企共建共享管理体系，对接区域支柱产业的发展组建特色专业及专业群建设决策委员会，协同校内外优质教育资源共同开展专业及专业群建设的长效机制的构建，在人才培养目标、专业布局、课程体系、教学团队、教学条件及国际化合作等方面协同创新，拥有较高的办学定位、较好的社会效益和鲜明的办学特色与校园文化，具有一定的前瞻性并能充分体现学院办学定位，获得行业、企业和社会认同并具有较高社会声誉的学校二级教学单位（学院或系）。

特色专业学院建设立足于协同创新视域，坚持"不求所有、但求所用，不为独享、但为共赢"的原则，通过建立教学管理工作组协同校内外优质教学资源开展人才培养、社会服务、就业服务等工作，建立专业建设工作组完成专业及专业群的建设、评价及预测，退出机制，保障办学目标的实现。特色专业学院的标志性属性是，良好的行业和企业合作关系、学院管理体系有力支撑特色专业及专业群建设、特色专业及专业群支持区域支柱产业和产业链转型升级与发展、学院是政校行企多方协同创新支撑平台。

一、特色专业学院建设的关键要素

围绕"特色引领、需求对接、创新体制、共创一流"的协同发展思路，构建政校行企管理体制，多方共同开展教学与研发、共建共享产学研实训基地、形成开放共享的网络教学资源，协同培养支持支柱产业的高素质人才，完善特色专业学院长效运作机制，深化和拓展校企合作深度和广度，以提高人才培养质量。

第一，以特色专业学院建设为载体，构建协同创新特区。特色专业学院建设主要实施

"特区"式协同创新机制体制，按照"开放、共享、流动"的建设理念，实施政校行企协同共建共享的董事会（理事会）管理模式，以协同创新理念激发调动属地政府、支柱产业行业协会及优势企业参与的积极性，探索与企业合作举办混合所有制性质的特色专业学院，增强政校行企各方在职业教育人才培养模式、教学管理机制、运行经费保障、现代职教体系及校园文化等方面的参与动力，建立校企双方专业人员互兼互派、双向挂职机制，引导和激励校企双方将人才培养、技术研发及社会服务紧密结合，使特色专业学院成为行业企业员工培训基地、企业产业发展研究基地，打造"人才培养、就业创业、社会服务及教师提升"四位一体的特色专业学院长效运作管理机制，落实政校行企合作协议、管理制度、绩效考核机制等，促进校企深度合作，增强办学活力，提高高等职业教育服务区域经济社会发展的能力。

第二，以优化人才培养模式为重点，推进综合改革实施。特色专业学院立足深化产教融合的人才培养模式改革，探索实践基于教育制度和劳动制度相结合的"现代学徒制"人才培养模式，引入行业企业技术标准乃至国际认可的职业资格标准开发专业课程，建设优质专业核心课程；根据职业岗位和人才培养需要，对接行业企业特性推行的多学期、分段式的教学组织；通过与属地政府、行业协会、优势企业等合作，利用现代信息技术开发虚拟生产过程的数字化教学资源，建设图纸、声像、文字、动画等多种形式的网络教学素材库，搭建校企数字传输课程，形成开放共享的网络教学资源库；引入第三方评价，构建政校行企多方评价参与的监督体系，提高人才培养的质量，实现校企人才培养与企业员工培训、职业终身教育一体贯通。

第三，以高职院校校园文化为平台，加强校企文化融合。高职院校利用校企合作的平台将优秀的企业文化融合到校园文化建设中，推进大学的精神文化、物质文化、制度文化建设，推动文化建设与人才培养的有机结合，建设特征鲜明的专业应用性、职业选定性和行业指向性的特色校园文化。校园文化建设须突出职业技能和职业素养的培育，具有行业指向属性的特色文化，以突出自身鲜明的个性，为培养高素质技术技能型人才创造优质教育环境，为实现学生高质量上岗就业做好充分的职前文化储备，达到提升高职院校综合竞争力、促进高职院校长远发展的目的。

二、特色专业学院模式的发展思路

围绕"特色引领、需求对接、创新机制、成果共享"的协同发展思路，以特色专业学院建设为契机，政校行企在人才培养模式、教学管理机制、运行经费保障、现代职教体系及校园文化等方面协同创新，构建政校行企管理体制，协同培养技术技能型人才，构建终身教育体系，打造特色专业学院长效运作机制，进一步深化和拓展校企合作的深度与广度，提高技术技能型人才培养的效果。高职院校主动适应区域产业结构转型升级需要，须聚焦区域发展现代服务业、先进制造业、高新技术产业等重点支柱产业布局，进一步调整和优化专业结构，建设特色专业学院，以提高高等院校服务区域经济社会发展的能力。

第一，以领导班子建设为引领，营造协同发展的氛围。建设政校行企共同参与、协同创新意识强、发展思路明确、行业影响力大、专业水平高的领导班子，激发属地政府、行业协会、优势企业参与特色专业学院建设的积极性，引导和激励校企双方将人才培养、技术研发及社会服务紧密结合，共建政校行企协同发展的运行机制，使特色专业学院成为行业企业"人才培养基地、科技创新基地、文化传播基地、师资提升基地和社会服务培训基地"五位一体的高地，促进校企深度合作，增强办学活力。

第二，以师资队伍建设为保障，促进院校的产教融合。校企合作、产教融合是地方高职院校培养适应社会、企业职业岗位需求人才的关键，实施人才培养的保障是教师。通过产学携手合作，共同打造具备高水平教学能力、实践操作能力、融入企业文化能力、应用技术研发能力的"双师型"队伍。为推进校企在实施产教结合上高效有序的协同运行，建立校企双方专业人员互兼互派、双向挂职的对接与联动机制，加大引进行业专家、企业骨干等优秀、富有行业经验的技术技能型人才，优化"双师型"教师队伍。通过改革教师评审指标体系，鼓励教师参加行业学术交流、赴企业实践或挂职锻炼，引导教师重视应用型技术研发，推动教师实践能力的持续发展和提升。

第三，以学院资源建设为根本，夯实高职教育的基础。发挥政府推动高等教育发展的责任主体功能，加强顶层设计，多方共同开展教学与研发、共建共享"产—学—研"实训基地；通过与院校所属地的政府、行业协会、优势企业等合作，充分利用现代信息技术和通信技术，开发虚拟生产过程的数字化教学资源，建设图纸、声像、文字、动画等多种形式的网络教学素材库，搭建校企数字传输课程，形成开放共享的网络教学资源库和教学资源；统筹经费、师资、校舍等资源，切实加强学校基础能力建设。坚持改革，调动政校行企参与高等教育的积极性，齐抓共管，形成合力，协同创新，突出职业技能的训练和职业素养的培育。

第四，以生态环境建设为基础，营造"人人皆可成才"的环境。坚持产教融合、校企合作，坚持工学结合、知行合一，引导社会各界特别是行业企业积极支持高职院校发展。适应学生个性化发展，统筹建设上下畅通、横向衔接、立体多元的人才培养体系，努力让每个人都有人生出彩的机会。建立弘扬劳动光荣、技能宝贵的政策导向，加快构建现代职业教育体系框架。利用校企合作的通道将行业企业文化融合到校园文化建设中，建设鲜明特征的专业应用性、职业选定性和行业指向性的特色校园文化。从教学、科研、服务社会、文化传承等方面推进学校内部治理体系和治理能力现代化，形成科学治校、民主治校和依法办学的良好环境。探索教授治学、坚守学术自由，建立和完善以学术委员会为核心的学术体系，营造良好的学术氛围。统筹招生、教学、管理、就业等，推进学校内部治理体系和治理能力现代化，推动文化建设与人才培养的有机结合，为培养高级技术、技能型人才创造良好环境。

三、特色专业学院建设的具体策略

随着经济社会发展和产业转型升级对人才需求的不断加大，职业院校与企业合作开展人才培养工作也逐渐显露出机制不完善、合作难以深入等问题。从企业角度来看，职业教育培养的学生与企业目标岗位要求差距较大，满足不了企业"短、平、快"的效益追求。从职业学校层面来讲，教学资源的建设需要现代化的企业管理制度，而学校资源整合能力不够、技术服务能力偏弱，从而导致校企合作无法深入，企业参与技能型人才培养的基本动力不足，使校企合作流于表面。

在校企合作过程中，对于企业方，追求经济效益、提升生产效率是其追求的主要目标，校企合作的主要动力是对高质量技术技能型人才的需求以及为学校提供技术创新支撑。但是，学校设置的课程存在重理论、轻实践的现象，学科划分比较明显，学生所学的知识内容紧紧围绕书本或实训手册，而这些多与企业生产实际相脱节；欠缺实际工作经验的在校学生，企业通常安排其参与一些生产性活动或者是无技术要求的操作活动。对于学校方，追求社会公益、提升教学质量是其永恒的主题，校企合作的积极性来源于迫切需要企业参与人才培养教学资源的专业建设、课程开发、专业能力、师资建设及实习实训管理等方面。为有效解决以上问题，特色专业学院需要强化三个方面的工作。

（一）强化政府主导作用，创建政校行企协同合作机制

职业院校与企业的合作实际上是学校与企业之间的一种资源交换与共享，是涉及学校与企业不同实体之间的全方位合作。解决职业院校与企业合作的瓶颈问题就是要建立校企合作的长效合作机制，单纯依靠学校或者企业无法解决问题，还需要充分发挥政府在宏观调控、政策引导及财政资金扶持等方面的主导作用。通过特色专业学院项目建设，实现政校行企[①]四方办学组织管理协同，"双师型"队伍建设协同，人才培养协同，技术开发协

---

① 政校行企四位一体是指政府、高校、行业和企业四个主体之间的合作关系，也称为"四位一体合作模式"。

同和资源成果协同，促进政校、行校、企校、校校以及与国际优势核心创新要素的深度融合，建立开发、共享、高效的协同创新育人新模式。

政府主导作用在政策引领、管理规范和协调统筹三个方面得以发挥，政府通过政策引导和财政经费支持来调动行业发挥指导作用、激励企业参与人才培养的积极性。一是建立强化政校行企协同创新各方功能的组织，政府发挥应有主导作用，牵头成立职业院校人才协同创新培养指导委员会，建立政府、行业、企业和学校共同参与、协同推动的有效运行机制，落实职业院校人才协同创新培养的规划，加强产业发展与人才培养信息引导和服务，搭建政校行企四方协同对接的平台；二是政府制定鼓励行业企业参与职业院校人才培养激励政策，明确政府、行业、企业和职业院校在人才培养方面具体的责任与权益，落实政府财政资金扶持政策的具体措施，激励行业、企业主动承担人才培养任务，积极参与人才培养全过程，促进高职院校校企合作制度化；三是出台规范政校行企协同创新的长效运行的保障文件，明确政府主导和行业指导地位，落实政校行企各方按照法律法规的相关要求，签署协同协议，规范合作行为，保障各方在协同创新中的合法权益，达到实现政校行企四方协同创新的效果。

（二）基于多权利中心建设特色专业建设公共治理机构

根据利益相关者理论①，对特色专业学院建设的四个利益相关者：政府、学校、行业、企业实施多元化管理主体的合作过程，从而建立起调节四个利益相关者利益关系的新机制，形成一种联合四个利益相关者利益的有力机制。从公共治理理论出发，对于特色专业学院合作体制机制的治理而言，在治理的主体上强调合作的多管理主体，应突破政校行企合作组织治理的范围，特色专业学院的主体可以由来自政府、学校、行业、企业等不同领域、不同层级的组织或个人组成；在治理目标上，以互补、互信、互利、互相依存为基础，通过持续不断地协调政校行企各方利益求同存异，最终实现经济社会发展和公共利益的最大化；在治理方式上，提倡"建设—培养/服务—实施"等多层级、"政府—学校—行业—企业"等多权利中心的网络化管理，把政府与学校及行业企业等合作组织的关系由传统的单向直线控制关系转变为指导、平等合作的关系，使行业企业能够参与到特色专业学院的管理和决策中。

政校行企四个利益相关者在不同建设内容上扮演不同角色，如在实践教学基地建设

---

① 利益相关者是指那些在企业的生产活动中进行了一定的专用性投资，并承担了一定风险的个体和群体，其活动能够影响或者改变企业的目标，或者受到企业实现其目标过程的影响。

中，校内基地可由学校实施主导权，校外基地由企业实施主导权，人才培养方案由校行企组成的专业指导委员会制订，实施多层权利中心的政校行企共建网络组织模型结构。

（三）建立贯通一体的高职特色专业学院校企合作文化

企业与职业院校不同的社会功能决定了其价值取向、文化内涵各有其特殊的属性。职业院校校园文化是一种教育文化，其目标是利用各类社会资源培养高素质的劳动者和技术技能型人才；而企业文化则是一种经营文化，其目标是为社会提供优质服务的同时追求企业利益的最大化。从某种意义上讲，职业院校校园文化是一种使命文化，而企业文化则是一种责任文化，通过企业文化进课堂、进社团、进教学活动，以及进学生宿舍等模式，使企业文化与职业院校校园文化融合起来，将更有利于职业院校为企业、为社会培养更多更好的高素质人才。

校园文化和企业文化的交流和融合，需要深入把握职业院校校园文化的特征，积极吸收优秀企业的文化精髓，以校企合作共育人才为目标、学校教学活动为载体、师生教风学风建设为重点，以制度文化、物质文化、精神文化建设为切入点全面展开。依托深厚行业背景而发展的特色专业学院，需要大力发挥专业与产业对接、师生与员工对接的优势，将优秀企业的竞争意识、创新意识、敬业精神、团队精神融入人才培养中，使学院的教学活动与企业的生产过程相对接，将企业的安全意识、质量文化、竞争文化、诚信文化融入具体教学案例中，在具体的教学活动中宣传企业的创业史、展示企业的竞争优势、传颂企业的精髓文化，用企业的核心价值观与优秀企业文化培养学生的职业操守和职业道德，使学生尽快地融入企业文化、适应企业工作要求，形成校企文化贯通一体的特色专业学院特色校园文化，大力提升学生的就业竞争力以及学生的就业质量。

以专业群为载体建设的特色专业学院，在建设思路上，将携手行业、企业、学校全面参与建设方案确定、教学内容实施，充分体现职业教育的校企合作特色；在教育教学改革上，积极探索实践现代学徒制试点，深化产教融合，将教育制度与劳动制度有效地结合，营造"人人皆可成才、人人尽展其才"的良好环境；在建设模式上，体现以重点专业为龙头、相关专业为支撑的政校行企协同建设；在建设内容上，将从体制机制、教学团队建设、人才培养模式及校园文化等方面围绕"特色"展开，以特色专业学院的建设促进特色专业及特色专业群内其他专业的发展，凸显学校办学特色，实现专业、教学团队及校企各方的协同发展，提升专业整体竞争力。通过特色专业学院的建设和示范引领，全面推进高等职业教育特色化发展，提升高职教育对产业发展的促进和带动作用，全面提高人才培养质量。

第三节　产教融合的优化之路——现代产业学院

产业学院是以提升高职院校服务特定产业能力为目标，整合院校、政府、行业、企业资源，建立以应用型人才培养为主，兼有学生创业与就业、技术创新、科技服务、继续教育等多功能的、多主体深度融合的新型实体性办学机构。产业学院从早期建设发展至今，不断开拓新功能，扩大服务范围。产业学院主要的功能可以概括为三个方面：一是促进高校专业建设与产业紧密对接，创新协同育人培养方式，提高学生的就业能力，改善实践教学环境，培养应用型师资队伍；二是服务区域经济、科技建设，促进产教融合；三是服务企业，进行员工培训、技术创新并提供对口人才。从产业学院功能定位上看，具有服务区域产业，汇聚各方资源，促进产业园区产业转型升级实现高质量发展，促进教育链、人才链与产业链、创新链有机衔接的重要价值。

随着国家相关教育改革政策的不断推演，产业学院作为运行实体在政校行企合作培养人才过程中逐渐成为多功能集合体，其构成要素、运行机制与功能定位成为研究者深入探索的聚焦点。产业学院可以看作不同主体为了实现各自利益而组成的共同体，基于构成主体的不同作用方式而形成各类运行模式，为紧密对接区域经济发展与地方产业发挥功能，促进政校行企各方资源深度融合，推动多方共建共赢。这些学院是教育实体机构，在进行学历教育的同时，还履行技术研发、员工培训等社会服务职能，与某一产业或行业高度契合，故称之为"产业学院"。

一、现代产业学院的具体发展

从词源追溯看，产业学院最早出现于 1998 年英国教育与就业部策划的产业大学，主要目的是利用现代化的网络技术向企业和个人提供开放式的远程学习方式，提高企业的生产力与个人的就业能力。这类似于我国高校中的网络教育学院或者广播电视大学，将各利益群体聚集在一起，包括学校、公司、图书馆、零售业、培训与企业理事等，刺激相关部门与组织机构开发各类学习产品；相对普通教育机构而言，网络教育学院或者广播电视大学提供的教育产品更为丰富，服务群体更为广泛，基于此诸多学者将其作为研究我国产业学院的开端和起源。但是，究其本质，产业大学指向终身教育理念，并且逐渐向着商业机构性质运行发展。在我国，产业学院作为新生事物，虽在服务地方产业发展、对接区域经济共生、提供企业所需产品等方面与产业大学有诸多共同点，但我国的产业学院根植于不同类别高校与在社会主义市场经济的大背景之下，其目的在于培养适应产业发展、促进产业发展需求的高质量人才。

不同的协同育人主体、投资方式和运行管理机制造就了类别多样的产业学院。按照层次、内容、体制等作为划分依据，产业学院呈现多类型运行模式，具体如下。

第一，按照办学层次分为研究型高校、本科产业学院及高职产业学院，这几类产业学院的不同定位与运行机制造就产业学院迥异的发展方式。

第二，基于产业学院的构成主体分类。政府由于参与主体不同可以分为省市层面、县级政府、乡镇政府，镇政府与高职院校有着较为天然的合作优势，因此"专业镇"式产业学院建设实践较为丰富；高校这一主体分为学校、二级学院、专业群、专业四种主要类别，其中老牌产业学院以挂牌于高校原有二级学院较常见；企业这一主体可划分为单个企业、多个企业、龙头企业、产业园区，其中龙头企业和高校龙头专业的"强强联合"常见于有丰富校企合作历史的高校，而近些年成立的新兴产业学院则直接迁至产业园区，具有主动寻求与企业、研究机构等合作的地理优势。

第三，基于不同领域、产业或专业的分类。建设产业学院的主要领域有旅游类、文化服装类、艺术设计类、农业类、畜牧类、文化艺术类、财务会计类、经济贸易类、机械设计类、食品工业类、电子信息类、计算机类等。

第四，基于组建的动力来源不同。一种是外发式主导的政府资助类型，如县域、镇域式产业学院中，政府对产业学院的资金来源、场地设置、专业设置起主导作用；另一种是内发式主导的产业学院，如龙头企业资助的高职院校所设置的产业学院，是院校与企业自发合作而组建。这种分类方式是基于不同所有制（是否具有独立法人地位）而进行划分的：一类是混合所有制产业学院，由公有资本、产业资本、集体资本、私有资本、外资中两种或两种以上进行投资办学，以服务特定产业为主旨，市场在专业设置与资源配置中占据主导作用；另一类是学校为办学主体，企业参与学院建设与运行，但产业学院仍保持二级学院的运行方式。

综上所述，产业学院作为深化产教融合、校企合作的新生组织，以个案调查与案例介绍成为主要的研究方式，具体到某一产业学院的实证研究个案研究占绝大部分。相较于建设实践的介绍，理论研究数量较少且内容多集中于产业学院功能、运行模式、制度逻辑、政策意义、办学体制机制的创新、办学模式、人才培养模式等；经验性的总结较多，基于多个院校的综合性、宏观性论证比较少；对产业学院的整体逻辑和规律探究不多；关乎产业学院建设所遵循的共性规律缺乏相应的理论探究。产业学院研究与实践质量有待继续加强，特别是对实践过程中不断出现的热点和难点，要坚持以促进产业学院高质量发展为出发点，结合当前经济社会发展现状对产业学院的组建、管理与运行等进行研究与实践探讨。

二、现代产业学院的建设过程

产业学院是产教融合、校企合作的重要模式。在产业学院建设过程中，匹配区域产业发展需求是产业学院建设运行的前提，创新职业教育人才培养模式是产业学院的必然追求，以产业为纽带的产教融合是产业学院建设的基本途径。产业学院有效利用产业园区企业资源，实现"双师型"素质队伍的建设及工匠精神的养成，全面缩短各方的"时空距离"和"心理距离"，实现"精准育人"。创新教育组织形态建设产业学院，形成政府、企业、学校、行业、社会协同推进的工作格局，为加快建设实体经济、科技创新、现代金融、人力资源协同发展的产业体系增强了产业核心竞争力，提高了人才培养质量。在对高等职业教育发展进程梳理的基础上，对比分析高等职业院校探索产教融合、校企合作的路径，"双师型"工作室共育路径、特色学院的特色路径及产业学院融合路径等不同类型产教融合发展路径，基于利益相关者理论形成高等职业教育深化产教融合的产业学院建设路径，为高等职业教育提供有益经验和理论。

第三章　产教融合下的高校人才培养策略

第一节　产教融合下高校人才培养的机制

"产教融合视域下高校人才培养机制是我国高校人才培养机制的高效途径之一。"[①] 就应用型高校而言，大学生在高校学习的知识更加倾向于踏入社会时的就业技能，换言之，更加注重的是工作技能的学习。因此，对于自身所学的各方面知识的实用性的要求是极高的。在这种情况下，产教融合视域下高校人才培养机制是对所学知识的实用性的最佳诠释：学生在学习知识的过程中不仅能将学习的知识记在脑海里，更能在第一时间将其在培养机制中实践，从而将所学的专业知识进一步加深记忆。不仅如此，产教融合视域下高校人才培养机制更能让学生在实践中第一时间查漏补缺，发现自己学习中的欠缺，及时强化工作技能，从而保证大学生学习知识的实用性。产教融合视域下高校人才培养机制主要有以下策略。

第一，改进基础教学，完善学生实践基础。在产教融合视域下的高校人才培养机制创新过程中，教师需要重视基础教学、改进基础教学，完善学生在产教融合视域下高校人才培养机制的实践基础。针对学生基础知识不够扎实的问题，教师可以从两方面进行改进：首先，改变教师教学态度，不能因为基础知识相对简单就忽视，要做到教学无漏洞，这就需要教师在教学过程中改变教学方式，不仅要细化基础知识教学，更要考查学生的学习情况，针对学生在学习过程中的难点进行再次教学或反复考察，确保学生在学习过程中无难点漏洞。其次，教师要参考学生的学习态度，如学生在学习哪些知识时积极性较高，学习哪些知识点时积极性较差，针对学生乐于学习的知识继续保持教学风格以保持学生的学习积极性，而对学生学习时积极性较差的知识点要改变教学方式，利用学生能够接受的教学方式如多媒体教学或其他教学方式调动学生的学习积极性，保证学生学习基础知识的扎实

① 周倜. 坚持产教融合，推动高校人才培养机制创新 [J]. 文教资料，2018（33）：89.

性，完善学生在产教融合视域下高校人才培养机制的实践基础。

第二，加强校企合作，提高产教融合效率。加强校企合作，为学生提供广阔的产教融合视域下高校人才培养机制的平台。首先，高校需要针对学校内部各专业的具体情况为在校学生提供与专业对口的实践平台，争取做到每一学期所学知识点都能够得到实践，甚至是以周、月为周期进行实践，保证学生在学习过程中学有所用、学有所见，保证产教融合视域下高校人才培养机制的创新效率。其次，将学生科研创新的普及与提高结合起来，探索出一套行之有效的科研创新工作运行机制，全力打造一个开展学生科研创新普及活动的平台，让更多的学生有条件长期参与这项活动，并在此基础上从中选拔优秀的学生组队参加各级各类学科竞赛，使两者相互协调促进，形成良性循环。打造"教师+""项目+""教室+"多种模式，建设创新创业特色平台，引导不同专业学生联合创新、创业，打造工程教育发展的新动力。

第三，优化师资队伍，落实产教融合教学。鼓励教师在教学上对产教融合视域下高校人才培养机制进行配合，保证高校教师在教学中能让学生灵活地掌握知识点，保证学生所学知识的实用性。高校领导要创新思路，建设一支具有优秀的专业技术背景、较高教学和科研水平的师资队伍。一方面，鼓励在校教师"走出去"交流访学，提高科研学术水平和实践应用教学能力。另一方面，面向国内外引进一批高层次领军人才、高水平学科带头人和青年学术英才，招聘"双师型"教师，通过"走出去"和"引进来"两种手段相结合，构建具有丰富实践经验和学术水平高的"双师型"师资队伍，将理论与产业界发展前沿相结合，保证产教的彻底融合，促进产教融合视域下高校人才培养机制的创新。

第四，创新学生管理，调动学习积极性。在学生管理上，探索住宿学院制改革，开展以宿舍为依托、以社区为单位的学生工作管理模式，在学业导师指导下充分注重学生的个性发展，调动学生的学习主动性，发挥社区在学生教育、管理、服务中的作用，实现自我建构知识和能力，促进学生全面发展。在加强辅导员队伍建设上，完善队伍管理和考评机制，注重辅导员教书育人能力的培养，提高辅导员队伍的专业化、职业化水平。同时，改革传统以院系为单位的学生思想政治教育模式，探索并构建以宿舍为依托、以园区为单位的社区学生工作管理模式，推行住宿学院制，发挥住宿学院在人才培养工作中的教育教学功能，切实提高社区学生教育、管理、服务的工作水平以促进学生全面发展；加强对学生职业生涯规划和就业创业的指导和服务，提高指导和服务专业化水平。

第五，构建评估机制，保障方案顺利实施，构建科学合理的教学质量保障体系和评估机制保障人才培养方案的顺利实施。加大人才培养经费投入力度，充分发挥理事会、学术委员会、学位评定委员会、教学督导委员会等各级学术组织的主导作用和广大师生的改革主体作用，积极推进教育教学改革各项工作任务落实。同时，落实以学生学习与发展成效为核心的教育质量观，健全教育质量保障体系；完善教学质量监控体系，确保覆盖人才培养的各个环节，强化课堂教学及其他教学环节的过程监控，促进教学质量的提升；改革质量评估办法，引入第三方参与评估；建立健全教育质量信息公开机制，探索与完善人才培养质量年度报告发布制度，建立人才培养监控机制；制定科学、全面的人才培养质量标准和就业质量评价体系，建立专业定期评估制度。

第二节　产教融合视野下高校双创人才培养

"在新时代高等教育大力推进双创人才培养改革的背景下，高校应坚持以服务行业转型发展的重大需求为导向，以产教融合为抓手，深化高校双创人才培养内涵，将知识创新与技能创新相融合，提升高校双创人才培养实效性。"[①] 因此，高校应积极研究产教融合视野下的高校双创人才培养策略，以产教融合为突破口打造双创人才培养与行业产业良性互动的新局面，构建产教协同育人的双创人才培养体系，落实产教融合战略。在构建职业素养评价体系中，人才创新创业的情况是至关重要的内容。在当今社会，双创人才是社会对人才的基本要求，根据用人单位对人才的需求，高校对人才的培养也变得更加严谨，对人才的培养目标也逐渐增加。高校是人才培养的基地，培养高水平的创造性人才是高校的首要任务，为了适应社会市场需求，既能创新又能创业的双创人才成了社会所需。

产教融合视野下高校双创人才培养主要有以下策略。

第一，打造专兼职师资队伍。高校双创教师拥有完善的理论知识体系，行业精英、企业管理人员等拥有丰富的双创实践经验，将两者有机结合打造专业化、高素养的专兼职师资队伍可有效提升双创人才培养的师资力量，为高效开展双创人才培养工作夯实教师基础。一方面，高校应明确双创人才培养目标，不断提升在职教师双创意识与双创能力，充分挖掘高校内可担任双创指导教师的优秀人才；高校还应依托产教融合进一步深化与行业头部企业的合作力度，加大行业优秀技术人员、企业核心人才引进力度，如邀请行业专家、企业技术研发工作者、创新创业企业家等担任双创实践活动指导教师、客座教授等兼职工作，组建专兼职教师结合的高水平双创人才培养师资队伍。另一方面，高校应利用产教融合这一契机推动院校教师进入企业进行实践锻炼，并面向企业内部职工开展理论知识

---

① 间枫. 产教融合视野下高校双创人才培养策略研究 [J]. 湖北开放职业学院学报，2022，35（6）：5.

培训活动；在对外输出知识的同时构建自己的知识管理体系，切实提升教师实践创新能力与知识素养，为高校系统开展双创实践活动提供坚实保障。在大学教育中，需要组建一支专属的兼职师资团队来加强教学质量。为了培养双创型人才，学校应该重视师资问题，应该建立相应的激励制度来加强对兼职师资团队的管理。

第二，实施导师带徒弟制度。导师带徒弟制度可拉近教师与学生之间的距离，加强教师与学生之间的密切联系。培养双创人才应更加关注学生个性特点、内在需求、发展潜力与独特优势，依靠传统灌输式教学模式开展双创人才培养工作则极易妨碍学生个性发展，但实施导师带徒弟制度可打破双创人才培养壁垒。在基于产教融合视野下的双创人才培养中，实施导师带徒弟制度可聘请企业顶尖人才担任高校产业教授，鼓励其在高校与企业同时发展，推动高校与企业深层次开展校企合作；高校还应为大二阶段学生配备校内双创指导教师，为大三阶段学生增加产业教授担任双创实践活动指导导师。在此过程中，高校可促进学生与教师进行双向选择，赋予学生与教师更多自主选择权，最终由高校负责协调指派，保证每位导师所带学生人数控制在十五人之内，并要求导师定期对学生开展个性化指导工作，在确保导师带徒弟制度的适应性与精准性的同时提升学生双创能力，丰富学生双创经验，构建全方位、立体化的双创人才培养模式，为高校开展双创人才培养工作持续注入新鲜血液。高校师资团队需要思想进步和作风正派的教师，导师的职责就是向徒弟传授本专业的技能和相关理论知识。实行导师带徒弟制度能够培养技能型人才，根据师徒共同制定的目标完成对徒弟的职业考核；导师带徒弟制度能提高学生的整体职业素质，促进学生职业技能能力的健康发展，能提高学生职业素养、理论水平和实际操作能力。

第三，构建复合型课程体系。高校双创人才培养工作是素质教育的重要部分，更是高校适应产业优化升级对人才培养提出新要求的有效手段，所以高校应将双创教育厚植于专业教育中，在培养学生专业知识技能的同时提高学生创新创业能力，使专业教育成为双创教育的重要支撑，将双创教育发展为专业教育的重要补充，推动高校双创人才培养工作走上优质发展的道路。在复合型课程体系构建中，高校应调整专业课程体系，将双创课程融入其中，并在专业课程教学开展中选择恰当时机向学生灌输双创理念与双创思维，或组织学生分析双创实践案例，将双创教育充分融入专业教育中，打破高校专业教育与双创教育"两层皮"现象，为高校开展双创教育提供有效载体。在此过程中，高校应依托产教融合进一步深化校企合作，借助企业优势详细掌握产业技术变革趋势与双创人才素质要求，优化复合型课程教学内容，弥补高校实践经验匮乏、对产业发展了解浅薄的短板，提高复合型课程体系与产业双创人才需求的契合度，切实提升高校双创人才培养质量。课程体系是人才培养模式中学科地位和开设课程顺序的一种体系，实现目标以及完成对人才的培养需要依赖于课程体系。高校教育的首要问题是培养双创人才。

第四，有效利用现代化信息技术。在新时代产教融合视野下，高校应立足新视角开展双创人才培养工作，将双创教育与现代化信息技术有机融合，革新双创人才培养模式，并在传授理论知识的同时依托现代化信息技术带领学生开展双创项目模拟练习，将理论与实践深度结合。首先，在双创教育与专业教育融合课程教学中利用现代化信息技术开展实践练习。在产教融合视野下，高校应立足各专业学生就业方向与兴趣爱好开展双创人才培养工作，根据社会实践特点开展双创项目实践训练，实现双创教育与专业教育同频共振。教师可在课堂教学中借助人工智能、大数据等信息技术组织学生以专业课程学习为依托开展双创项目实践训练，如在真实情景模拟中分析问题、运营企业、转化成果、沙盘演练，将专业知识技能学习与创新能力、创业能力培养融为一体。其次，将最新理论成果融入双创人才培养体系中。高校应依托现代化信息技术搭建与企业沟通的桥梁，进一步深化产教融合，将产业最新研究成果融入双创人才培养体系中，同时根据各专业学生就业方向增设金融学、心理学、管理学等理论课程与实践课程，邀请产业精英定期开启线上教学，打造线上线下相结合、学科创业相融合、理论实操相配合的双创人才培养模式，并在提高学生创新创业能力的同时帮助学生形成前瞻性眼光与战略思想，推动高校双创人才培养工作优化发展。最后，打造多主体相互协调的双创人才培养模式。在产教融合视野下，高校应借助现代化信息技术整合各部门与企业可用于双创人才培养的资源与力量，并为高校各部门搭建与企业沟通交流的信息化平台，深化高校各部门对双创人才培养的理解与认识，推动高校各部门切实参与到双创人才培养工作中，打破高校双创人才培养中存在的教育力量不足、认知水平低的困境。

第三节　新工科背景下高校产教融合人才培养

"高校作为培养人才的重要基地，理应积极贯彻落实新工科建设，制订与新兴科技发展趋势相符合的人才培养方案。"[1] 产教融合作为高校与企业共同培养人才的模式，在此过程中可以实现高校与企业的成果转化，进而促进经济发展，并提高大学生的就业竞争力。因此，在新工科背景下探索高校产教融合人才培养模式已成为当今高校重要的研究课题。

---

[1] 郝赫. 新工科背景下高校产教融合人才培养模式探究 [J]. 科教导刊，2023（9）：7.

一、新工科的理念认知

国家经济正处于结构调整与转型的关键时期，以互联网为核心的新技术、新产品以及新模式正在蓬勃发展，创新已经成为经济竞争的突破点。工程教育与产业发展呈现相互依存、相互支撑的关系，国家新产业的发展离不开工程教育背景下培养的人才，尤其是为应对新经济形势的挑战就必须要重视工程教育，增强工程教育下的产业发展力，助力国家经济产业发展与转型，否则会严重影响产业升级进程。

新工科建设的目标与发展的内涵，其重点强调以下四个方面：一是根据产业需求构建工科专业新结构；二是不断根据技术的发展优化教学内容，更新工程教育人才培养体系；三是根据学生的学习兴趣调整教学手段，创新工程教育教学新方式；四是积极运用国内外联合资源，打造开放性、生态化的融合工程教育。

二、新工科背景下高校产教融合人才培养策略

（一）优化学科体系，加强专业建设

优势与特色的学科专业是高校招生最好的名片，也是高校发展与建设的核心因素。新时代产业发展下的企业生产并非依靠单一的技术，高校要根据所在地区的经济发展需求与实际情况进行学科结构调整与优化，进而培养出综合型人才。在新工科背景下创新产教融合人才培养模式，一是高校以专业大类为基础进行招生，学生入学前两年内实行大类培养，对所需掌握的知识进行综合性的学习，加强对自身专业知识的认知与了解，而后两年内再进行细致专业划分，并在全面了解专业情况的基础上根据自身优势选取适合自己发展的专业，从而提升学生的产教学习积极性，最大限度地发挥学生的价值与能力；二是根据地区的经济发展与高校的发展方向对学科专业的未来发展进行规划，以突出专业特色为目的，促进不同学科课程之间的融合，并调整好理论课、概念课与实践课之间的比重问题，既保证学生获得扎实的专业知识基础，又为企业经济的良好发展提供高素质的人才保障。

（二）增强高校产教融合的管理能力

第一，建设一支高质量的产教融合师资团队。在新工科背景下，根据高校人才培养目标打造一支专业理论扎实、教学能力强、实践创新能力高的高水平结构化师资教学团队，已经成为产教融合战略实施的根本前提。首先，要引导高校教师与时俱进地掌握工程教育教学经验。产教融合的要求是"产"与"教"相结合，使其与新兴科技产业不脱节，因

此，高校先要采用优秀人才引进以及定向教师培养、出国研修等方式，提高教师的专业能力，提升高校师资团队的整体水平。其次，在引进高素质复合型人才教师的同时，以讲座、培训等交流学习的方式加大对校内复合型教师的培养力度，引导教学能力强但工程教育能力有待提高的教师积极参与产教融合项目活动，同时高校还要定期组织专业教师参加企业培训，了解相关技术的发展情况与发展趋势。最后，针对实践能力较强而教学经验不足的教师，可以借助补短式培养方式如课堂教学锻炼、老教师带新教师等，双向提高教师与高校整体的教学水平，加强教师自身的科研能力与实践能力，为产教融合的实施建设一支高素质的复合型创新型师资队伍。

第二，高校要建立健全的实训体系。一是要促进校内实训基地的完善。高校不仅要重视理论教学，还要打造服务型院校，以提高就业率、提高应用能力、提高培训效率为目标建设校内实训基地。企业应派代表积极参与实训基地构建工作，以岗位群建设为方向对校内资源进行组建，真实地还原企业的工作环境，还要设计产教融合教学实践，进一步提高学生的就业竞争力。二是要提高校外实训基地的规范性。校外实训基地是实施产教融合的重要场所，不仅可以补充校内实践，又可以帮助学生实现"学习"到"工作"的转化，提高学生的适应能力。尽管当前部分院校建立了大量的"顶岗实习""订单教学"校外实训基地，但是学生多是作为廉价劳动力参与其中，鲜少有技术性岗位。这就说明，在产教融合过程中，部分企业行为不够规范，过于注重生产利益，忽略了学生技能的培养，与产教融合理念背道而驰。因此，高校应加强对企业的监督，合理设置工作岗位，实现校外实训基地的规范化运行，为产教融合的实施奠定良好的基础。

第四节　数字化背景下高校产教融合人才培养

随着计算机技术、网络技术以及人工智能技术等先进的信息技术的不断发展，数字化时代已经悄然而至。"数字化时代给人们的生活带来了很大的改变，使人们的生活和工作更加高效、便捷、智能。数字化技术已经在各个领域得到了广泛应用，给各个领域的发展带来了较大突破。"[①] 数字化技术在教学中的应用同样给教学带来了翻天覆地的改变，如在数字化技术基础上开发的一些先进的教学设施和教学软件，改变了传统的教学模式和教学方法，使教学质量和教学效率不断提高。高校产教融合模式是高校人才培养的创新型模

---

① 余蕾. 数字化背景下高校产教融合的人才培养策略 [J]. 产业创新研究，2022 (16)：185.

式，通过产教融合模式可以培养出更多适合企业需求的专业人才，解决了企业的人才需求问题，同时也是促进高校发展的重要手段。在数字化背景下，产业对人才的要求越来越高，对复合型人才的需求越来越大。因此，高校产教融合人才培养模式需要进行改进和创新，以培养出更多高素质的复合型人才。

一、数字化在高校教学中的重要性

第一，丰富了教育资源。数字化在高校教学中主要是指借助先进的计算机技术和网络技术开展教学的应用。随着网络技术的飞速发展，教育资源实现了最大限度的共享，无论是教师还是学生都可以通过网络查找需要的学习资源，突破了传统教育资源的束缚，丰富了教育资源。教师可以通过网络搜集一些和课程相关的优质的教育资源，从而丰富教学内容，加深学生对知识的理解和掌握，提高学生学习的深度和广度。可见，数字化教学能够丰富教学资源，突破课本知识的束缚，使学生的思维和知识面更加开阔，帮助学生更好地开展学习。

第二，提高了教师的教学效率和质量。数字化在高校教学中的应用，改变了传统的教学模式，借助多媒体等信息技术能够采取多样化的教学模式，改善枯燥的课堂氛围，提高了学生的学习兴趣。教师在课堂中借助多媒体技术可以将抽象的知识形象化，静态的知识动态化，从而帮助学生更好地理解那些抽象的、枯燥的知识，进而提高教师的教学质量和效率。学生也可以借助先进的数字技术自主开展学习，提高学生的主观能动性，而学生在课余时间自主学习活动的开展也对提升教师的教学质量和教学效率有一定的帮助。

第三，提升了教学管理工作的信息化程度。传统的教学管理工作大都依靠人工来完成，备课、教学、考试等工作都需要教师来完成，导致教师的工作压力较大。数字化技术在教学工作中的应用，缓解了教师的工作压力，提高了教学管理工作的信息化程度。教师借助数字化技术，可以用计算机来完成一些烦琐的工作，提高了教学管理工作的效率，并将节省下来的时间用到更关键的工作中，从而提高教学质量。

二、数字化背景下高校产教融合人才培养的策略

（一）明确产教融合人才培养的具体方向

在数字化背景下，高校实施产教融合的过程中首先要明确人才培养的方向。一方面，加强产业需求的调查。在数字化背景下，企业对人才的需求也发生了相应的变化，对人才的要求越来越高。随着数字化技术的广泛应用，很多产业要求工作人员不但要具备专业技

能，还要具备一些数字化技术方面的知识，使得产业对复合型人才的需求不断增大。因此，高校在开展产教融合模式的过程中要进行深入的市场调查，充分了解企业对人才需求的标准，提高高校人才培养的精确度。高校要根据开设的专业到相应的企业中开展调研工作，深入了解企业对该专业人才需求的标准，对企业的需求进行汇总，然后改进相应的人才培养计划。另一方面，改进人才培养计划。高校在完成调研工作后，要对调研工作的结果进行分析和评估，根据评估的结果改进现阶段的人才培养计划，结合产业需求调整相应的教学内容，改进教学方法，保证产教融合模式下能培养出更多符合产业需求的人才。

随着会计电算化的出现和不断发展，会计工作信息化的程度不断提高，很多传统的会计工作已经被会计电算化的模式所取代。因此，企业对会计电算化人才的需求不断增加。由于传统的会计专业的教学已经不能培养出适合企业需求的人才，高校在会计专业人才培养的过程中就要改进教学内容，在传统的会计学知识的基础上增加计算机技术、数据处理技术等相关学科的学习，提高会计专业学生对信息化技术的掌握程度，从而在参加工作时更好地适应企业的需求，更快地投入工作。总而言之，在数字化背景下，高校开展产教融合模式要根据时代的变化和企业需求的变化调整相应的人才培养计划，制定明确的人才培养方向，保证培养的人才符合时代和企业发展的需求，从而更好地帮助学生完成学业并实现就业，同时给企业提供专业的人才。

（二）优化高校的教学管理

在数字化背景下，高校的教学管理也迎来了新的发展方向和可能，具体从以下三个方面探讨。

第一，教学模式的改变。传统的教学，一般都是教师讲、学生听的模式，教师占据着教学的主导地位，学生被动接受知识，对学生的学习兴趣和学习效果都有一定的阻碍。在数字化背景下，教师可以充分利用数字化技术丰富教学模式，可以借助多媒体技术开展教学，从而使枯燥的教学变得更加生动，以此提高学生的学习兴趣。教师还可以借助数字化技术中的教学软件给学生演示一些实验或者操作，改变了学生单纯依靠想象完成学习的情况，提高了学生的理解程度，提高了学生的学习效率。可见，在数字化背景下，教师的教学模式更加多样化，对学生的学习和教师的教学都有很好的促进作用。

第二，丰富教学资源。传统的教学，教师的教学内容大多局限在课本内容上，要想拓展教学资源只能依靠查阅图书，但这样的方式耗时、耗力并给教师增加了很大的工作量，间接导致学生的学习资源受到一定程度的限制，从而也影响了学生的快速提升。在数字化背景下，教师可以随时随地通过网络搜集需要的教学资源，不但可以丰富学生的学习资源，还提高了教师的教学效率。教师通过对网络教育资源进行筛选，选择优质的教育资源，从而实现了对课本知识的延伸和拓展，提高了学生对课本知识学习的深度和广度；学生在学习中遇到问题时也可以通过一些网络平台找到正确的答案，提高了学生自主学习的能力。

第三，增加师生之间的沟通和交流。传统的教学，教师和师生之间缺少必要、有效的沟通，不能及时了解学生的学习情况，一定程度上影响了教师的教学。在数字化背景下，高校教学可以建立网络交流平台，通过网络交流平台可以随时随地和学生进行沟通和交流，学生也可以将学习过程中遇到的问题反馈到网络平台中，教师可以及时进行解答，并根据学生的学习情况调整相应的教学计划。这样的形式增加了师生之间的沟通和交流，对教师教学质量的提高也有很大的帮助。

总而言之，在数字化背景下，高校产教融合人才培养的过程中要不断优化教学管理，从教学模式、教育资源以及师生沟通等方面进行改进，从而不断提升教学的质量和人才培养的质量。

（三）加强教师队伍的建设

教师的专业水平和综合素养决定了教学的质量。在数字化背景下，高校产教融合人才培养对教师的能力提出了更高要求，因此教师要不断加强学习，提高自身的专业水平和综合素养。

第一，教师要加强产教融合模式的学习。产教融合模式是近几年高校为了适应社会的需要和促进高校的发展采取的新型的人才培养模式，一些教师对产教融合模式还不够了解，在工作中不能切实地落实产教融合模式的要求。高校在开展产教融合模式的过程中，教师要对产教融合模式进行深入的研究和学习，充分掌握产教融合的本质和内涵，在教学工作中根据产教融合的要求调整教学计划，完善教学管理。

第二，加强数字化技术的学习，提高信息技术的水平。在数字化背景下，教学从传统的板书形式向更加先进的信息技术方向发展，教师可以借助多媒体技术开展教学，教学中的一些工作可以借助数字化技术来完成，因此教师要不断学习计算机技术等先进的信息技术，提高自身的操作水平，保证教学中能够充分借助这些先进的信息技术的手段和设施开展教学，从而不断提高教学质量。

第三，高校加大对教师队伍建设的投入力度。在数字化背景下，高校要重视教师队伍的建设，通过不同的方式不断提高教师的专业水平和综合素养。高校要加强教师的学习，给教师提供更多的学习和提升机会。高校可以定期组织教师参加相关知识的培训，根据教学情况和专业需求组织有针对性的学习和培训，从而提高教师的综合能力。

总而言之，教师的综合能力和素质是教学质量的关键影响因素。在数字化背景下，教师要努力学习先进的数字化技术和数字化知识，保证高校产教融合人才培养工作的顺利开展。

（四）培养学生的实践能力

学生的实践能力是高校产教融合人才培养模式中的一项重要能力，而学生只有具备了较好的实践能力才能在工作中更好地开展工作。因此，在产教融合模式下，学生实践能力的培养至关重要。一方面，重视实践课程的开展。在数字化背景下，高校要注重学生实践能力的培养，结合专业的特点适当增加实践课程的数量。在传统教学中，教师过分看重理论知识的传授和教学，教学中将更多的时间用于理论知识的教学，忽视了学生实践能力的培养，但学生学习的最终目的是更好地指导未来的工作和生活，在工作中借助所学知识解决遇到的问题。因此，在数字化背景下，教师在理论知识教学的过程中还要注意实践课程的开展，结合课程内容和特点开展相应的实践活动。针对一些实验较多的专业，教师可以适当增加实验课程的数量，并且还要保证实验课程的教学质量，保证学生在实验课程中真正学到相应的知识，不断提高学生的实践能力。

另一方面，丰富实践课程的形式。教师在组织学生开展实践课程的过程中要不断丰富实践课程的形式，使学生保持较高的参与热情，从而更好地实现实践课程的教学效果。例如，教师可以组织学生开展多种多样的社会实践活动，让学生置身于实际的工作环境中，切身体会所学知识在实际工作中的应用；教师还可以通过布置一些手工或者实际操作类的作业，以提高学生的实践能力。

总而言之，丰富多样的实践课程对提高学生的实践能力有很大的帮助，教师要根据课程内容和课程特点开展多种形式的实践活动，学生实践能力的培养和提高是对课本知识的巩固和应用。因此，高校在产教融合模式开展过程中，要重视学生实践能力的培养，通过多种形式的实践活动不断提高学生的实践能力，培养出更多的实践型人才。

第四章 产教融合下高校"双师型"人才培养模式

第一节 "双师型"教师队伍的建设研究

一、"双师型"教师队伍建设的必要性

"高职院校所培养的人才必须满足产业发展的需求，才能在劳动力市场上占据就业的优势。"[①] "双师型"教师是高职院校实现人才培养目标的重要保障。产教融合是高职院校持续快速发展的有效手段，培养"双师型"教师队伍则是实现产教融合的一个非常关键的因素。在产教融合背景下，提升高职院校教师的"双师"素质十分必要。

第一，"双师型"教师是高职院校和行业企业之间沟通的润滑剂，能够为学校和企业寻求利益共同点，促进产教融合项目的深入开展。"双师型"教师不仅具备理论知识，还具有在企业实践的经历。教师通过参加企业培训，可以及时了解企业对人才需求的变化并及时反馈给学校，而学校可以根据企业需求及时调整专业结构和课程结构。"双师型"教师能够代表职业院校与企业进行产教融合项目的会谈，明确双方的利益诉求，在双赢的基础上更好地深化校企合作。"双师型"教师还可以根据行业企业的现实需求为其提供技术指导和员工培训，不仅为企业节约用人成本，还为学校带来相关的资源支持。这样，高职院校和行业企业在产教融合项目中都能实现自身的利益诉求，产教融合项目也能够得到有效的深化。

第二，"双师型"教师作为职业院校的优势资源，能够吸引企业参与产教融合项目，与学校共建资源共享平台。由于企业具备良好的经济实力和实训场地，学校拥有技术优势和教学资源，"双师型"教师就能利用自身的知识与技能进行技术创新，而这也是学校吸引企业的一大优势。同时，"双师型"教师发起的科研项目可以作为产教融合项目，吸引

---

① 吴显嵘. 产教融合视角下高职双师型教师队伍建设 [J]. 河北职业教育, 2019, 3 (5): 25.

企业参与教学过程，与职业院校共同培育人才。在产教融合模式下，学校与企业之间可以构建一个资源共享平台，由"双师型"教师进行资源开发与管理工作，实现校企合作利益最大化。另外，"双师型"教师能够促进学校和企业之间的文化融合。校园文化包括了学校的愿景、价值观以及育人理念，企业文化包含了企业的服务理念、信念、价值观以及处事方式等方面的内容，而深化产教融合亟须学校和企业之间的文化认同感，"双师型"教师则是形成这种文化认同感的关键因素。"双师型"教师具有在企业实践的经历，可以将企业文化渗透到自己的课堂中，让学生对企业产生认同感，吸引更多学生参与产教融合项目。"双师型"教师在平时也会有很多的机会到企业去交流和培训，这样可以将学校的文化带到企业中，让企业了解学校的文化，增加对学校育人理念的认同感和对学校的好感度，吸引企业深化与学校的合作。

二、"双师型"教师队伍建设的对策建议

（一）建立"双师型"师资建设平台

企业作为产教融合的主体之一，在"双师型"教师培养中发挥着不可或缺的作用。首先，政府要出台相关的政策，鼓励企业参与师资队伍培养。对于积极参加"双师型"教师培养的企业，政府应给予政策优惠、税收减免以及资金补贴，减轻企业参与教师培养的经济负担，提高企业参与的积极性。其次，企业要转变观念，重视与学校的人才交流，不仅要为学校提供更多的兼职教师，还要为参与企业实习和培训的"双师型"教师提供良好的实习环境，不断深化校企之间的合作关系。最后，构建"双师型"师资建设平台，推动产教融合深化、校企合作协同创新。企业和高职院校共同建设师资平台，可以整合学校和企业的人力资源，提高人力资源利用的效率。企业建立高职院校的实践基地，为"双师型"教师的培训和实践提供场地，可以促进科技创新与产业链的衔接，提高科研成果转化为现实生产力的效率。

（二）完善高职院校"双师型"教师专业发展制度

建设"双师型"教师队伍，必须完善相关的教师专业发展制度，构建校企利益共同体。首先，完善"双师型"教师的职前培养制度。在教师招聘的阶段，改变考评机制，更加注重教师的实践能力。教师入职之前，鼓励他们先到企业实习一段时间，采用企业和学校联合培养的方式，既要提高教师的教学能力，又要重视他们的职业素养。其次，完善"双师型"教师的入职培养制度。入职培养包括教师的教学理论知识、教学实践能力以及

专业实践能力等方面。学校应建立分层分类培养制度，全职教师和兼职教师的入职培养侧重点各不相同。全职教师的教学理论知识比较丰富，但是欠缺实践技能，所以入职培训的重点要放在企业实践上；兼职教师大多具备丰富的实践经验，但是缺少教学理论，所以需要不断提高他们的教学技能。在入职培训的整个过程中要发挥企业的作用，加强企业的话语权，对于不能通过企业实践考核的教师，高职院校将取消聘用。最后，完善"双师型"教师的职后培养制度。在入职 1~2 年之后，教师已经逐步适应了教学工作，应不断提升"双师型"教师的科研能力，而学校应不断鼓励他们进行教学创新，尤其要教师重视提高学生的实践能力。在在职培养过程中，采用企业和学校共同培养的方式，建立校企利益共同体，学校和企业双方面共同努力提升"双师型"教师的素质。

（三）健全"双师型"教师队伍建设的保障机制

要建设一支高水平的"双师型"教师队伍，需要从多方面完善保障机制。首先，政府政策方面的保障。政府要对"双师型"教师队伍进行编制、工资等方面的政策倾斜，鼓励高职院校提高"双师型"教师队伍素养。其次，经费方面的保障。政府、高职院校、企业多方形成成本共担的经费机制。"双师型"教师在学校内部培训所产生的费用由学校承担，在企业实习期间的费用由企业负担，政府主要负责为学校和企业提供相关的补助和实训基地建设资金。最后，管理方面的保障。政府在"双师型"队伍建设中的主导地位应转变，要将权力下放到具体的高职院校和企业。这样，高职院校在教师岗位设置、教师选聘标准、教师晋升标准和经费使用等方面有更多的自主权，企业在"双师型"教师队伍建设中更有主动性，能发挥企业的作用。高职院校要完善"双师型"教师的评价激励机制。一方面，建立以教学为中心，以"双师型"教师素养为基础的分层分类评价制度。例如，在职称评审的过程中，将实践技能与教学技能并重，在企业实践锻炼的经验将成为晋升的重要条件，鼓励教师向"双师型"教师发展；对于全职教师和兼职教师要设立不同的评价和激励标准，为兼职教师拓宽晋升渠道，鼓励兼职教师将更多的精历投入教学过程中。另一方面，将资源向"双师型"教师进行倾斜。例如，在培训进修和项目申报中，"双师型"教师具有优先选择权。

（四）深化校企合作拓展人才引进渠道

高职院校要扩展教师招聘的渠道，为那些教学能力不强但具备很强的实践能力的教师提供绿色通道。加强与企业的合作，发挥产教融合的优势，通过人才引进的方式，招聘企业的优秀员工到学校担任兼职教师，扩大"双师型"教师的规模。同时，在招聘教师之前，先对区域内的主导产业的人才需求进行调研，明确哪些专业是企业急需的，及时调整学校的专业设置和课程体系，以及调整教师招聘的计划。在扩大"双师型"教师规模和优化双师队伍结构时，需要秉承"引进来"和"走出去"相结合的原则。一方面，鼓励学校内的教师到企业去挂职锻炼，提高自身的实践能力，了解行业最新动态和企业文化，为有效提升学生实践技能做好充分的准备。另一方面，将企业的优秀员工引入学校，壮大校内兼职教师队伍，提高"双师型"教师的专业素养，还可以邀请优秀员工开设一些论坛、讲座为校内教师提供培训，提升学校"双师型"教师队伍的整体素养。

（五）创新产教融合方式建立"双师工作室"

高职院校的"双师型"骨干教师和龙头企业的优秀员工共同建立"双师工作室"，将学生实习、教师培训、技能竞赛、科研项目开发融为一体。"双师工作室"改变了以往实训基地建设当中高职院校一家独大的局面，引导企业主动将科研项目、人力资源和培训场地加入工作室，密切了企业和学校之间的关系。"双师工作室"是在产教融合项目基础上建立的，不用新增教学人员，节约了人力的成本。实训场所不固定，可以在学校内部或在企业的相关场所进行实训。实训的导师不固定，可以是企业优秀的工程师或者校内的"双师型"教师。实训的对象不固定，可以是学校内的学生、教师或者企业员工，这种"双师工作室"的形式能够深化产教合作，提高教师科技服务的能力和科研水平。

第二节　独立学院人才培养"双师型"指导模式

独立学院人才培养[①]与传统大学不同，通常在特定领域或行业中进行深耕，并且更加注重职业教育和职业能力培养。

独立学院人才培养的目标是培养与行业需求相匹配的人才，使学生能够快速适应职场并具备所需的专业知识、技能和能力。为了实现这一目标，独立学院通常与相关行业和企业合作，借助实践教学和实习机会使学生接触和参与实际工作。独立学院人才培养的特点包括以下方面：第一，职业导向。独立学院更加注重培养学生与特定行业或职业相关的能力，使其具备就业竞争力。第二，高度实践性。独立学院强调实践教学和实习实训，帮助学生将理论知识运用到实际工作中。第三，应用性研究。独立学院注重解决实际问题和应

---

①独立学院人才培养是指由独立设立的学院或学校负责进行的专门培养人才的教育机构。

用研究，培养学生的创新能力和问题解决能力。第四，紧密合作。独立学院与企业、行业协会等密切合作，为学生提供实际工作经验和就业机会。第五，学科专业化。独立学院通常专注于某个特定领域或行业，形成优势学科或专业。总体而言，独立学院人才培养以职业导向、实践性为核心，并紧密依托行业合作，致力培养适应市场需求的专业人才。这种特色培养模式为学生提供了更加职业化的教育和更广阔的就业出路。

在独立学院人才培养"双师型"指导模式下，专业教师担任学生的学科知识传授和理论指导的角色，负责培养学生的学术能力和专业素养。他们通过系统的课堂教学、学术指导、课程设计等方法，传授给学生所需的理论知识和学科基础。

实践导师则是在学院与实际行业或企业合作的基础上由相关领域的专业人士担任，具备丰富的实践经验和行业知识，能够指导学生将学到的理论知识应用到实际工作中。实践导师负责引导学生参与实际项目、实践操作、实习实训等活动，帮助学生培养实际工作能力、解决问题的能力以及与行业相关的技能。

此外，通过"双师型"指导模式，学生能够在校内和校外的不同环境中接受专业知识和实践技能的培养。这种模式使得教学更贴近实际需求，能够提高学生的实践能力和综合素质。同时，学生也能从专业教师和实践导师的经验和指导中获得更全面的支持和教导，更好地准备自己适应职业生涯的挑战。

总体而言，独立学院人才培养的"双师型"指导模式通过结合理论与实践、专业教师与实践导师的合作，为学生提供了更加全面和具有实践导向的教育，培养了他们的实践能力和职业素养，提高了就业竞争力和适应能力。

第三节 "双师型"人才培养模式的构建与实践

"双师型"人才培养模式是指为实现高职院校教师特定的培养目标而构建的培养体系，它主要包括人才培养模式、学科专业设置、课程体系、师资队伍、教学方法、实践教学等构成因素。正确理解"双师型"人才培养模式的目标内涵，加强基础知识教育和专业技能训练的同时，努力拓宽专业面，增强适应性，建立重点培养学生的实践能力和创新能力的课程体系。

当前，为了体现教育"面向现代化、面向世界、面向未来"的时代精神，适应社会、经济发展需求，高职院校要更新教育观念和人才培养理念，以育人为中心，以市场为导向，坚持教学、科研、社会服务相结合，坚持学术性、技能性、示范性相统一，逐步构建以"博雅教育"为办学理念，以专业核心能力为主要内容，以素质教育为根本目的独具特色的"双师型"人才培养模式。

一、"双师型"人才培养主体模式的构建

"双师型"人才培养是以"主修+辅修""理论+技能""国际+国内""校内教育+校外教育""学年学分制+完全学分制"为主体的人才培养模式。

第一，"主修+辅修"。"主修+辅修"的人才培养模式是以拓宽专业口径，扩大知识视野，增强学生的适应能力为目的，实行以本专业为主、以相关专业为辅，使学生在掌握一门专业的同时对相关专业知识也有一定了解的培养方案。根据社会对人才的需求情况，学校应灵活开设相关专业系列课程；学生根据社会需求和自身特点、志趣，选读与本专业相近的辅修课程。实行"主修+辅修"模式，适应了社会对"复合型"人才和"双师型"人才的需求，有利于提高毕业生的适应能力和竞争能力，有利于发挥教师的潜力，有利于提高学校的教学条件和仪器设备的利用率，有利于文、理、工、农科间的相互渗透。在实行"主修+辅修"模式的同时，要注重因材施教，尊重学生的意愿，合理确定"主修""辅修"的比例。

第二，"理论+技能"。"理论+技能"的人才培养模式是以培养基础理论扎实、专业知识实用、实践能力强、综合素质高以及"德、智、体、美"等全面发展的合格人才为目标，以适应社会发展和区域经济建设需要为核心，落实"双师型"人才培养目标的根本措施。依据人才培养目标要求，结合生源的具体情况，实施"精化基础理论、淡化专业界限、优化专业知识、强化实践能力"的策略，达到精通理论、强化应用、突出能力、实现人才培养的适应性，提高人才培养的整体质量。因此，高职教育应本着能力质量重于知识质量的原则、理论授课与实践技能相融合的教学方式，使学生既掌握坚实的理论知识又练就娴熟的职业技能，既能适应现实的职业岗位需求又能着眼于未来的职业发展。

第三，"国际+国内"。教育走向国际化是高等教育发展的必然趋势。河北科技师范学院在和美国、加拿大、意大利等国家联合办学的基础上进一步拓宽办学途径，并在近年来输送近200名学生到加拿大等国家进一步学习深造。构建"国际+国内"的人才培养模式，既有利于优势互补、资源共享、平等互利、相互促进、取长补短，也有利于吸取国外先进办学经验和先进办学理念，打破传统的教育方式、教学模式、课程设置等，实现教学的现代化。同时，进一步加强"双语教学"，增强国际化教学内容，切实提高学生的外语应用能力；有计划地开展留学生教育，扩大对外知识交流，拓宽学院的信息途径，推进高等教育的现代化进程。

第四，"校内教育+校外教育"。"校内教育+校外教育"的人才培养模式，即校内进行基础理论培养与校外参加社会实践相结合。这种结合包括两重含义：一是在校就读期间，充分利用校外实践教学资源，实现理论知识和实践技能的紧密结合，练就过硬的实践动手能力；二是学生毕业走出校门后，根据社会的进步、科技的发展和市场的需求，更新不适应或过时的理论知识或专业技能。学院采取培训的办法，定时、定期举办新知识、新理论、新技术培训班，让学生更新知识和技术。

第五，"学年学分制+完全学分制"。学院在实行学年学分制的基础上可逐渐试行完全学分制，如农科、文科、工科等专业可在学院教学资源允许条件下先行试点。学生可以不受学习时间和年限的约束，自主地选择毕业时间和学习年限，只要取得规定的合格学分就可以毕业。完全学分制有利于学生对学习内容和学习方式的选择，有利于培养学生积极参与的精神和提高自我管理的能力，也有利于学院教学资源的共享，如学生可以在已具备条件的课程中选择自己满意的教师上课。

二、"双师型"人才培养模式教学体系的构建

"双师型"人才培养模式教学体系的构建，重点在于学科专业结构体系、理论课程和实践教学体系、教学监控体系的建设，形成灵活多样的"双师型"人才培养模式体系。

（一）构建有助于"双师型"人才培养的学科专业结构体系

在保持学院原有的特色和优势学科的基础上，进一步加强经、管、文、法、人文艺术等社科类学科建设，促进多学科协调发展、相互融合，适应社会发展需要，有利于"双师型"人才培养的学科专业结构体系。

"双师型"人才培养的学科专业结构体系以社会需求为导向，优化专业结构布局，凸显办学特色，调整专业结构，不断加强学术和科研团队建设，充分发挥"专业带头人""学术带头人""教学骨干""学术骨干""教学名师"等团队带头作用，有利于提高教学和科研水平以及提升办学水平和核心竞争力。

（二）构建利于"双师型"人才培养的理论课程与实践教学体系

学院依据社会对人才培养能力和综合素质的总体需求，优化课程体系结构，注重学生能力培养，灵活设计课程模块，促进学生个性发展，加大实践教学环节设置，提高学生专业实际操作技能、教师教学技能和教学科学研究能力，实行"双师型"培养策略，突出能力培养。

第一，灵活设计课程模块，拓宽学生个性发展。课程模块是专业规定性和专业适应性结合的有效机制。在设计课程体系中，架构纵横交织四个平台、十个模块，即通识教育（含公共必修课、公共限选课、公共选修课三个模块）、学科教育（含学科基础必修课、学科基础选修课两个模块）、专业教育（含专业必修课、专业选修课两个模块）和能力教育（含从师能力课、专业能力课、综合能力课三个模块），共同组成了培养"双师型"人才的课程体系。优化人才培养方案和教学大纲的修订，体现了"精化基础理论、淡化专业界限""优化专业知识、强化实践能力"的原则。

第二，实行"双师型"培养策略，突出能力培养。例如，河北科技师范学院在学生培养方案中明确要求，毕业生要取得相关专业的职业资格证书，部分专业在实行"双证"制的基础上实行"多证"制，使学生在毕业时获得教师任职资格证、社会实践达标证、专业技能等级证和毕业证等"双证"或"多证"。

第三，构建实用性的实践教学体系。经过多年的研究、探索与实践，构建了"三三四"实践教学体系，使学生从一入学起便接触专业、参与实践，从而有效地延长了专业实践的训练时间，增加了实践的机会。这对培养学生的实践技能具有重要作用，形成了"四年不断线"的实践教学模式，即大学一年级以实验操作能力和生产基本功训练为主；二年级以实际操作训练和专业劳动为主；三年级以参与较深层次的专业技能训练、专业课的实验实习、科研技能训练为主；四年级以综合性的专业实践为主，结合毕业设计和毕业论文进行独立的科研课题研究，师范类专业还要进行教育实习，从而实现实践教学课程的完整目标。建立循序渐进、层次分明的实践教学模式，有效地培养了学生的能力和素质，为就业提供有效的措施和保障。

（三）创建有利于提升学生综合素质的教学监控与保障体系

教学质量是学院生存和发展的生命线。根据学院的办学实际和教育教学发展规律，加强教学管理队伍建设，建立教学质量监控制度，建立常态长效教学评估体系，不断完善教学质量监控体系建设。

第一，完善教学质量监控体系。学校实行二级学院管理制度，建设校系两级质量监控体系、工作决策体系、制度保障体系、信息反馈体系、教学评价体系和教学督导体系，并且充分发挥这些体系的效能。

第二，加强教学管理队伍建设体系，逐渐建成职责明确、管理规范、业务素质高、服务意识强的教学管理队伍，不断提高教育教学管理水平。

第三，建立常态长效评估体系，开展对专业、课程、课堂教学、实验教学、课程考核、实习实训、毕业实习、学风和教风等常态长效的评估。

(四) 科学建构灵活多样 "双师型" 人才培养模式体系

根据专业特点建构符合专业实际的人才培养模式, 试验推行 "2+2" "3+1" "1+3" 多元化的人才培养模式。

第一, "2+2" 人才培养模式。前两年在校进行通识教育, 主要学习基础知识和专业基础知识; 后两年主要学习专业课程模块、教师教育模块、实践教学模块, 提高学生的综合素质。

第二, "3+1" 人才培养模式。在总结科学系统实施 "3+1" 模式的基础上, 全校范围内推广 "3+1" 人才培养模式。前三年在校接受全面的通识教育、技能教育、专业教育; 毕业学年根据学生个人的实际情况确定发展目标, 分别进行考研、单位顶岗实习、教育教学实习等个性化培养, 提高社会适应能力, 为就业做好准备。例如, 河北科技师范学院计算机专业近年来实行大四年级集中岗前训练, 与相关企业联合进行就业需求针对性强化训练, 尝试效果令人非常满意。

第三, "1+3" 人才培养模式。学生入学不分专业, 前一年设置通识教学平台, 实行按学科大类招生培养; 后三年设置专业教学平台, 实行按专业培养。例如, 2007 年河北科技师范学院试行工商管理类、轻纺食品类试点大类招生、分流培养, 以有效增加学生的自主性, 发挥个人的特长和潜力。

总而言之, "双师型" 人才培养模式的构建与实践, 是适应社会和经济发展的需要, 是实施教育教学改革的需要, 是实现 "双师型" 人才培养目标的需要。建立 "双师型" 人才培养教学体系, 实现学生知识、能力和素质全面提升, 不断提高学院的办学水平和竞争力。"双师型" 人才培养模式的建设与发展, 应在教学实践中不断改革与探索, 在实践中完善, 在完善中充实, 在充实中提高, 在提高中发展, 使 "双师型" 人才培养模式的构建趋于规范化、科学化、合理化。

第四节　产教融合赋能 "中文+职业技能" "双师型" 教师人才培养

《职业教育提质培优行动计划 (2020—2023)》中明确指出, 职业教育要积极服务国际产能合作行动, 致力提升我国职业教育的国际影响力, 实施 "走出去" 战略。伴随我国职业教育的不断发展，服务"一带一路"建设的"中文+职业技能"教育正以开放之姿融入国际中文教育事业的宏伟蓝图之中，"走出去"的中国企业亟须同时掌握职业技术与中文的技能型人才，但当地国家的人力资源却无法满足企业发展之内在要求。根据全国工商联发布的报告显示，"一带一路"沿线中资企业普遍面临人才"瓶颈"、当地雇员中文能力有限、跨文化沟通障碍等难题。与此同时，越来越多国外留学生选择来华进行技能类学历教育，留学生来华学习职业技能及中文的热情越发高涨。但与"中文+职业技能"教育相匹配的师资培养体系尚不够成熟且仍处于探索发展阶段，还该领域的中坚力量——"双师型"教师的培养机制有待优化。《深化新时代职业教育"双师型"教师队伍建设改革实施方案》点明了教师人才培养的重要性，强调教师队伍是新时代国家职业教育改革的关键，教师队伍建设是职业教育发展的第一资源。《国家职业教育改革实施方案》明确提出"深化产教融合、校企合作""健全多元化办学格局，推动企业深度参与协同育人"等具体举措，企业成为助力职业教育发展的有生力量，为职业教育的可持续发展增添了活力与动力。当前社会背景下，"中文+职业技能"教育要发展，师资培养与建设模式必须改变，构建路径必须优化——必须从校本培养走向产教融合，同时职业院校要积极与企业合作，强强联手、协同打造"双师型"教师队伍。

一、"中文+职业技能""双师型"教师及其特征

"中文+职业技能""双师型"教师是广义上"双师型"教师的细化与具体化，指的是具备国际中文教师、工艺师、工程师等资格证明，具有丰富的汉语言基础知识与专业的技术行业实践教学能力的复合型、应用型教师。对"中文+职业技能""双师型"教师而言，他们既具备"双师型"教师的共性特征，又具备以中文专业为特色的个性特征。

第一，扎实的中文基础知识与国际中文教法。结合当下"中文+职业技能"教育师资队伍建设现况，中文与职业技能教学往往"各自为政，彼此剥离"，即中文教师负责汉语言文字教学，职业技能教师负责职业技能类理论与实践知识的传授。在这种情形下，虽然也可以开展"中文+职业技能"教学，但往往会造成学习者的中文基础知识和职业技能类理论与实践内容的脱节，缺乏连贯性与体系化。由于来华职业技能类留学生的汉语水平多为零起点，他们并没有系统地学习过汉语，因此他们往往需要在前期集中学习汉语知识，打好语言基础之后再进行下一步的职业技能知识学习。但是，许多职业院校并没有专门教授国际中文的教师，学校为完成教学任务往往会临时选调语言类教师承担与之相关的教学工作，如委派资深的英语教师与中文教师等。不过，此类教师虽然具备一定的语言教学经验，但由于面向的教学主体不再是本土学生，在教学实践中教学目标往往较难达成，教学

质量也难以保证。为保证国际中文教学顺利进行，"中文+职业技能""双师型"教师要具有扎实的中文基础知识储备，围绕汉字、词汇、语法等汉语语言要素开展系统学习，形成完备的汉语言文字基础知识体系。此外，"中文+职业技能""双师型"教师必须熟练掌握一定的国际中文教学法，因为他们的教学对象多为零起点外国留学生，即以汉语作为第二语言的学习者而针对本土语言学习者与外国学习者的教学特点是不同的。

第二，熟练的职业技能类知识与丰富的实践经验。"中文+职业技能"教育虽涉及"中文"与"职业技能"两方面，但两者地位不同，主次有别。"中文+职业技能"教育是以职业技能类知识教学为主线，辅以必要的中文教学的复合型模式，而这也就意味着职业技能类专业知识是这种复合型模式人才培养的核心。因此，"中文+职业技能""双师型"教师必须具备熟练的职业技能类知识，具有较强的技术实践操作能力。在这种模式下，"双师型"教师的技术实践操作能力只有足够熟练，才能保证其教学能力的高效发挥。

二、"中文+职业技能""双师型"教师人才培养的模式

"中文+职业技能""双师型"教师的培养不是一蹴而就的，增强其语言与技能专业能力的双重发展是推进"中文+职业技能"教师人才培养的必然之道。"立足国内，放眼寰宇；扬长避短，趋利避害。"以这十六字为指导原则，"中文+职业技能""双师型"教师人才培养可以从以下几个方面着手。

（一）清晰职业认知，"量"与"质"的双护航

对于"中文+职业技能""双师型"教师要有清晰的职业认知，"中文+职业技能""双师型"教师是兼具国际中文教学与职业技能教育的融合体，是具有丰富的中文知识与专业技术行业实践经验双重教学能力的复合型、应用型教师。

"中文+职业技能"教育迅猛发展，仅凭几所独立设置的职业技术师范院校是无法满足职业学校对该领域"双师型"教师的需求，具有丰富的行业企业工作经历的人员和引进特殊高技能人才便是不可或缺的师资来源。为此，教育行政主管部门要鼓励更多高校设置职业技术教育学院或职业技术师范学院，加大对"中文+职业技能""双师型"师范生的培养规模和在职教师的培训力度，吸纳引进特殊高技能类人才，从而满足"中文+职业技能"教育发展的实际需求。与此同时，在教师人才培养的过程中，相关培养主体要重视人才培养的质量，只有"量"与"质"双重护航，才能保证"中文+职业技能""双师型"教师培养得以提质增效。

（二）坚持从院校主体到行企参与，进行协同培养

随着产业与经济的发展需要及政策的导向作用，行业企业也逐步加入"中文+职业技能""双师型"教师的培养与培训中来，其作为"中文+职业技能"教育供给侧的重要一方和颇为重要的育人主体地位不断提升。因此，培养与培训"中文+职业技能""双师型"教师的院校与企业要不断加强校企合作，深化产教融合，创造更多的实践平台，加强师资队伍在企业中的实践。

对于学校而言，一方面，要主动寻求得到政府部门的鼎力支持，也要虚心接受来自行业组织的指导与评价，更要积极与企业合作开展多种形式的参与及融合，努力打通多主体协同参与通道。另一方面，要加快探索不同专业的校企、校地合作新形式，构建一种"学校、政府、行业、企业"参与的协同育师机制，为"中文+职业技能""双师型"教师人才的培养开辟出多条有效保障之路。同时，通过产学研合作等多种形式，成立由"学校、二级学院、地方、行业、企业"共同组成的专业建设指导委员会，参与到专业建设、培养目标确定等方面的实际指导中，更要以社会需求为主要导向建立常态化的专业分析及调研制度，深入分析行业企业所需知识、能力及业务素质要求，并尝试与行业、企业共同制订教师人才培养方案，用行业、企业的实际标准对接专业标准。

（三）构建教师专业能力标准体系，形成系统化培养机制

教育部门、学校与企业等主体的通力合作是"中文+职业技能"教育发展的助推剂。为保障"中文+职业技能"教师人才的高效培养，做好"中文+职业技能""双师型"教师专业能力标准建设的顶层设计，可以结合"中文+职业技能""双师型"教师资格、职称、技能等维度，建立相关教师专业能力标准体系。对于教师专业能力标准体系的具体细则，要拟订出详尽方案，明晰"中文+职业技能""双师型"教师专业能力资质，突出"中文"与"技能"两个特点的高度融合。

学校要加强与企业等经济实体的合作与交流，增加教师深入企业的实训锻炼频次，加强教师对职业技能的掌握程度。作为培养主体的教师要深入实践，在实践中发现问题、反思问题、解决问题，为之后的教学实践积累经验。对于"中文+职业技能"教师人才的培养，要建立"点—链—面"立体化培育与培训格局，逐步形成系统化培养机制，为"中文+职业技能""双师型"教师人才培养模式的推广积累成功经验。

（四）考核与激励并重，注重教师人才信息化素养的发展

建立有效的考核评价方式对"中文+职业技能""双师型"教师人才持续发展与自我

提升具有重要的推动作用。在建立考核评价方式时，建立主体可以结合"中文+职业技能""双师型"教师跨界属性，融合多元化考核评价理念，如师范性、技术性与职业性。但是，仅凭借考核督促容易造成较大的心理负担，激励模式的建立就显得尤其必要了。在培养"中文+职业技能""双师型"教师人才时，要设立一定的激励模式，如差异化激励等，做到考核与激励并行。同时，教育部门、政府机关等要加强政策扶持与各类保障的实施，促进"中文+职业技能""双师型"教师人才的高效培养。

21世纪的职业技术教育的信息化、技术化时代特征越发明显，信息技术素养已然成为从事职业技术教育的教师的一项必备素养，而加强对"中文+职业技能""双师型"教师信息技术素养的培养对"中文+职业技能"教育发展具有重要作用。但值得注意的是，信息技术是一把双刃剑，在加强信息技术素养培养的同时务必以"适宜性"与"有用性"为原则，灵活运用信息化教学技术，切不可成为技术的"奴隶"，使技术反而成为教学效能发挥的阻碍。

第五章　产教融合下高校创新型人才培养模式

第一节　创新型人才及其培养目标

一、创新型人才概述

从对高职教育发展实践的研究看，人才培养目标定位过高或过低，都是不利于高职教育健康发展的。因此，高职教育对创新型人才内涵的认识与理解，应以符合高职教育特色、满足社会发展需要为基本原则。我们对创新型人才的上述定位基于创新型人才与常规人才在内涵上是相对应的人才类型而言，所谓常规人才则是常规思维占主导地位，创新意识、创新精神、创新能力不强，习惯于按照常规的方法处理问题的人才；而高职教育的创新型人才培养与传统教育中常规人才培养相比较，在知识素质教育与职业能力培养的基础上更重视对学生创新意识、创新思维、创新方法、创新能力等方面的培养，使其不仅能够满足职业岗位的综合要求，而且具有较强的就业能力与应变能力，能适应未来职业岗位飞速变化的发展趋势。

（一）创新型人才的特征

第一，创新的思维方法。创新型人才用科学的思维方法来指导自己的行动，在思维方法上既善于运用逻辑思维，又善于运用发散思维和逆向思维，做到求新求异，勇于探索开拓，具有强烈的竞争意识和创新欲望。

第二，求实的科学精神。创新是对科学规律的探索，是科学精神的体现。科学精神就是讲求理性精神和求实精神，要求创新型人才不盲从、不迷信，尊重客观规律，一切从实际出发，实事求是，"不唯上，不唯书，只唯实"，以严谨认真的工作态度去发现真理、运用真理并进而进行创新。

第三，持之以恒的勤奋。创新的过程是科学探索的过程，充满了荆棘与曲折，没有坚强的毅力、恒久的勤奋是无法逾越的。"勤学习、勤积累、勤思考、勤质疑"能使人达到析疑释惑、豁然开朗的境界，这是创新型人才成长的必经之路。

第四，广博的知识结构。当今世界科学技术迅猛发展，学科的综合交叉成为主要发展趋势之一。就创新本质而言，运用已有知识进行发现、发明、革新是创新的主要途径。因此，创新型人才只有具备广博的综合知识结构才能调动思维，运用多种思维方法提高创新成功的概率，否则就难以在创新领域有所作为。

第五，与人合作的素质。当今科学的发展日新月异，在学科综合交叉的同时，专业分工更加细化。这使得像工业革命以前那种个人单打独斗式的创新活动永远地成为历史，独攀科学高峰不仅越来越困难，而且不再可能。因此，专业分工越是细化，在创新攻关时越是需要整体化；尊重科学，就要尊重他人，只有依靠团结合作的精神与方式共同攻关，创新才会成为可能。

（二）创新型人才培养的理念

从高职创新型人才培养的实践活动看，创新型人才培养是一项复杂的、系统的教育活动，涉及从人才培养定位、办学模式、教学体系、课程设置到教学管理、教学方法、师资队伍建设、校园文化等教育活动的各个方面，但最重要的是教育观念的创新。

教育观念是人们对教育及实施过程的基本主张，是人们对教育的价值以及教育活动的准则或规范的认识。教育观念对教育活动有很强的指导意义，对教育活动的现实和未来具有深刻的影响。教育观念创新就是对教育观念的改革，是对传统教育观念的扬弃或超越。教育观念创新，能够促进教育科学理论的提高，为教育改革提供指导思想，推动教育改革的实践。高职教育培养创新型人才，首要解决的问题就是教育观念创新。此外，无论是高职教育的理论研究还是实践活动，都要求高职教育必须培养创新型人才，在教育观念创新上应该具有以下认识。

1. "以人为本"的价值理念

"以人为本"是发展的价值导向，更是发展的出发点和归宿。教育观念创新必须坚持"以人为本"的价值理念，确立创新型人才的培养目标，使学生成为人格健全、情理均衡、知行统一的全面发展人才。

教育观念创新坚持"以人为本"的价值理念，旨在强调教育要以人的全面发展为根本，培养出具有丰富知识、娴熟技能、全面能力和健全人格的一代新人。

教育观念创新坚持"以人为本"的价值理念，能够使教育活动注重人的主体性，正视学生不同的身心素质，做到"以学生为本"，使教育围绕"人"的特点来开展教学活动成为现实。这其中最重要的是，只有坚持"以人为本"才能"以学生为本"，并以学生发展为中心建立平等、互信、互动、互助的师生关系，给学生以自尊、自信，积极鼓励和引导学生的多元化发展，激发他们的积极性、主动性和创造性，建构学生的自主能力和继续学习能力，进而促进学生的全面发展，成为社会发展所需要的创新型人才。

2. 遵循学生的成长发展规律

规律对事物的发展起着决定性作用，合乎事物发展规律就会和谐顺畅。人的成长发展规律，包括人的思维发展规律、认知发展规律、身心发展规律以及人际发展规律等。对于高职教育来说，教育观念的创新只有遵循学生的成长发展规律，才能真正实现创新型人才培养的目标。

第一，遵循学生思维发展规律，着力培养学生的能力。人的思维能力是一切其他能力形成、发展赖以存在的基础和源泉，而一个人一旦丧失思维能力，其他能力也就不复存在。遵循学生的思维发展规律，着力培养学生的能力，是创新教育的基本责任之一。从一定意义上说，人的能力尤其是思维能力比知识更重要。这就要求高职教育在培养创新型人才过程中，要强调知识和能力的结合，不仅要重视对学生现代科学基础知识和基本技能的教育、培养，更要重视学生独立学习能力和创造性思维能力的培养、训练。

第二，遵循学生认知发展规律，着力保护学生的自尊。这是高职教育必须重视的一个重要环节，创新型人才的培养要尊重学生的认知水平，在循序渐进中使其获得知识、能力，并在获取知识、能力的过程中得以全面发展，让学生自尊、自信，对自己、对未来充满信心，具有不断进取的勇气、热爱生活的希望。

第三，遵循学生身心发展规律，着力塑造学生的品德。道德是高职教育必须认真对待的一个重要问题，对人的道德的塑造是教育的第一任务，这对于创新型人才培养尤其重要。在让学生掌握知识、技能和能力的基础上，要着力塑造学生的品德，这是促进学生又好又快发展的关键。

第四，遵循学生人际发展规律，着力健全学生的人格。人际关系对于人的发展具有重要的作用和影响，而创新型人才的素质要求之一就是要具有合作的意识与能力。因此，遵循学生人际发展规律，着力健全和谐的人格，是高职教育的一个重要职责。教育观念的创新，要求高职教育要建立良好的师生关系，不只关心学生的知识和能力，而且要注重引导学生形成健全的人格。

3. 尊重学生的个性发展

在教育过程中，尊重学生的个性发展已经成为教育界的共识。个性发展指的是在教育过程中要重视学生个性差异，做到因材施教，进而促进受教育者的全面发展。

尊重个性发展，发展人的个性，能够使学生的潜能得到充分地开发和发展。创新教育要克服传统教育封闭、僵化、整齐划一的缺陷，树立尊重学生个性，发展学生个性，培养学生自我责任意识的教育观念，尊重学生的自主需求，使教育活动忠实于教育本身，使学生的潜能得以充分发挥，使学生更自觉、更充分、更主动地全面提高自身的素质，以促进学生的全面发展。

学生的全面发展是高职教育的基本目标，在教育教学中让受教育者的个性得以发展，必须坚持"尊重人格、引导发展、扬长补短"三个原则。尊重人格原则，即公平、公正地对待学生，尊重学生个性发展的空间，承认并尊重学生的个性差异，发展学生健康的个性，以形成学生的独创性；引导发展原则，即对学生不够清晰的自我认知要引导，对学生的发展充满信心，使其发展潜力得到最大限度的发挥；扬长补短原则，即保护学生的兴趣和求知欲，顺势引导，扬长补短，因材施教，切实做到尊重学生的个性发展。

4. 强化创业教育

创业教育的核心是创新能力，这使得创业教育与创新型人才培养在高职教育活动中取得有机的联系，并保持高度的一致性。开展创业教育是在科学技术迅猛发展、社会发展飞速变化的大背景下对高职学生素质的基本要求。

创业是综合能力的展示，要求学生能够将注重知识和具有勤奋、踏实、谦虚的品质与注重智力开发、综合能力培养以及开拓精神结合起来，强调知识内化并向能力的转化。这要求创业教育既要重视个性发展，把尊重人和激发人的积极性、创造性作为根本，又要注重学生的全面发展，强调知识与能力、人格的结合。尊重创造、崇尚科学和弘扬创新精神是激发和培育学生创新精神和创业意识、培养学生创新能力的最有效途径与手段。因此，创业教育带来的不仅是自主创业的能力，更是对传统教育人才培养模式的改革。

二、创新型人才的培养目标

培养目标是指学生经过一定的有计划的教育与培训后应达到的标准和要求，是教育活动所预期的结果。培养目标对高职教育而言，是高职人才培养的方向问题，是对高职性质的规定性表现。培养目标是高职的教育教学活动的核心，一切教育教学活动都要围绕实现培养目标来展开。

（一）确立人才培养目标是创新型人才培养的起点与终点

培养目标是把学生培养成为社会发展所需的合格人才的基本要求，是人才的基本规格和质量要求，并支配着教育活动的全方位和全过程。培养创新型人才是知识经济社会需求的集中体现，在素质、知识、能力方面的具体要求与某一职业岗位群素质、知识、能力方面具体要求的结合形成了专业培养目标。这样的专业培养目标与传统高职教育的专业培养目标有明显的不同，即学生对职业岗位群的适应能力、应变能力和创新能力显著提高，并且具有了较强的创业能力，能更好地满足社会发展和区域经济发展的需要。

教育是具有明确目的性的社会实践活动，与其他社会实践活动最显著的不同是教育是培养人的社会实践活动。在教育过程中，教育的培养目标从一开始就已存在，并伴随教育活动的始终，最终成为教育的成果。从这一意义上说，培养目标既是教育活动的起点，也是教育活动的终点。

由教育的属性所决定，高职教育也是一种具有明确目的性的培养人的社会实践活动。高职教育的培养目标在高职教育活动中的重要性是不言而喻的，它作为高职教育活动的起点与终点，指导和支配着高职教育活动的全过程，具有明显的导向作用、动力作用和约束作用。导向作用，即树立现代教育观念，向有利于创新型人才培养的方向发展；动力作用，即吸引并激励教育活动的方方面面，围绕培养目标的重新定位开展创新活动，以达到预期的效果；约束作用，即要求教育活动的一切行为要以培养目标为方向、为标准，围绕目标展开，不能偏离目标。

（二）创新型人才培养目标的基本素质

根据高职教育的培养目标，依据创新型人才的特征，高职创新型人才应该具备以下基本素质。

1. 创新意识

创新意识是指创新主体根据社会和个体生活发展的需要，引起创造前所未有的事物或观念的动机，并在创造活动中表现出的意向、愿望和设想。创新意识是人类意识活动中的一种积极的、富有成果性的表现形式，是进行创造活动的出发点和内在动力，是创新思维和创新能力的前提。

创新意识包括创新动机、创新兴趣、创新情感和创新意志。创新动机是创新活动的动力因素，能推动和激励创新主体发动、进行和维持创新活动；创新兴趣能促进创新活动的启动，是促使创新主体积极探求新奇事物的心理倾向；创新情感是引起、推进乃至完成创新的心理因素，只有具有积极的创新情感才能使创造得以成功；创新意志是在创新过程中敢于开拓、勇于拼搏、克服困难、冲破阻碍的心理因素，具有很强的目的性、顽强性和自制性。

创新意识是创新主体对创新与创新的价值性、重要性的一种认识水平、认识程度以及由此形成的对待创新的态度，并以这种态度来规范和调整自己的活动方向的一种稳定的精神态势。创新意识是创新主体产生稳定、持久的创新需要、价值追求、思维定式以及理性自觉的推动力量，是唤醒、激励和发挥创新主体所蕴含的潜在本质力量的重要精神源泉。创新意识能促成人才素质结构的变化，提升人的本质力量，激发人的主体性、能动性、创造性的进一步发挥，从而使创新主体自身的内涵获得极大的丰富和扩展。

2. 创新思维

创新思维是不受现成的常规思路的约束，寻求对问题的全新的、独特性的解答和方法的思维过程。创新思维的过程是开发大脑发散思维的过程。

创新思维具有灵活性、变通性、开放性、辩证性和独特性等特征。灵活性，即创新思维过程往往表现出极大的灵活性、应变性。变通性，即创新思维在解答问题的过程中遇到障碍善于绕道而过，迅速灵活地从一个思路跳到另一个思路，从一种意境进入另一种意境，多角度、多方位地探索和解决问题。开放性，即创新思维需要从多角度、多侧面、全方位地考察问题，而不再局限于逻辑的、单一的、线性的思维，由此形成了发散思维、逆向思维、求异思维、非线性思维等多种创造性思维形式。辩证性，即创新思维既包含抽象思维，又包含形象思维；既包含逻辑思维，又包含非逻辑思维；既包含发散思维，又包含收敛思维；既包含求异思维，又包含求同思维，是各种思维形式思维方法的综合体。独特性，即创新思维的直接体现或标志，常具体表现为创造成果的新颖性及唯一性。因此，创新思维的开发，可以激发人的潜能。

3. 健全的人格

人格是指一个人在社会化过程中形成和发展的思想、情感及行为的特有统合模式。这一统合模式是包括了个体独具的、有别于他人的、稳定而统一的各种特质或特点的总体。

人格是一个具有丰富内涵的概念，反映了人的多种本质特征。独特性，个体的人格是在遗传、环境、教育等因素的交互作用下形成的，不同的遗传、生存及教育环境会形成各自独特的心理特点；稳定性，个体在行为中偶然表现出来的心理倾向和心理特征并不能表征人格，因为人格具有较强的稳定性，但这并不意味着人格是终生不变的，反而人格会随着生理年龄和环境的变化而变化，这是人格的可塑性表现，而正因为人格具有可塑性，才能培养和发展人格；统合性，人格是由多种成分构成的一个有机整体，具有内在统一的一致性，受自我意识的调控，当人格结构在各方面彼此和谐统一时就是健康的；功能性，人格决定一个人的生活方式，甚至决定一个人的命运，因而当面对挫折与失败时坚强者能发愤拼搏，懦弱者会一蹶不振，这就是人格功能性的表现。

高职学生的健全人格应有的表现是：对自我有全面、丰富、正确的认识，能够积极地开放自我，能正视自我并对生活持乐观向上的态度；能够建立适宜的人际关系，善解人意，宽容他人，尊重自己也尊重他人，对不同的人际交往对象表现出适合的态度；热爱生活，独立自尊，有正确的人生观与价值观，能够用理性分析生活事件，具有与自己年龄相适应的生活能力；能够发挥自己的潜能，具有自我发展、自我塑造与自我完善的能力；能保持一种动态的个性倾向（需要、兴趣、动机、理想、信念和世界观）的协调、平衡。同时，在创新上表现为具备坚强的意志，具有敢于怀疑和批判的科学精神，能够正确判断创新的价值、方向和水平，保证创新活动的有效性、科学性和可持续性。

人格素质以完善人格、促进人的自我实现、全面发展、提高人的个体素质为主要目标。人格素质由基本素质、个体素质、核心素质组成。基本素质，即独立、创新、敬业、诚实等精神，是人应对各种挑战和机遇以及创业立业、待人处世的基本素质，因而在高职人才培养规格中必须得到足够的重视和充分的体现；个体素质，即人的一切行为的原动力，影响人对事物、行动的选择，与一生事业是否成功有直接关系，尊重选择、尊重个性是个体素质的重要内容；核心素质，即会做人、会做事、会合作，归根结底是会学习、会生存、会发展，这是创新型人才必须具备的重要素质。

4. 知识素质

创新型人才的知识素质应建立复合型知识结构，即知识在学生头脑内部所形成的组合结构应包括工具性知识、专业性知识和相关性知识三个层次或部分。工具性知识，主要指适应职业岗位所必需的前提性知识，包括职业技术教育的基础性知识，如数学、语文、外语、计算机等知识，既是适应求职谋生的文化基础，又是终身学习、转职转岗、创业立业的前提条件。专业性知识，就高职教育人才培养规格而言，分为基础层次、中间层次、最高层次三个层次。基础层次主要指专业基础理论方面的知识，中间层次主要指专业技术知识，最高层次主要指复合性知识和高新技术知识。相关性知识，主要指转岗转业所需要的和适应科学技术进步、产业结构调整、技术结构提升所需的相关专业知识、行业知识、产业知识等。

复合型知识结构是以工具性知识为基础、以专业性知识为核心、以相关性知识为发展的知识结构，三者构成协调优化、均衡发展、高度开放的知识结构体系。

5. 关键素质

关键素质是指创新型人才必不可少的跨职业、跨岗位的基本素质，是有效参与职业岗位（群）所必需的素质。关键素质主要指交往素质、合作素质、创业素质、诚信素质等。交往素质，即参与社会政治生活、人际交往、群体合作等方面所需要的素质，要做到热心参与、善于交往、善于应变；合作素质，即注重乐群合作，培养合作精神，做到和谐互动、团结互助、平等友好、共同前进，讲求在竞争中协作、协作中竞争的思想意识，能够正确处理个人利益和集体利益、局部利益和整体利益、当前利益和长远利益的关系；创业素质，即有自我实现、追求成功的强烈的创业意识、竞争意识，具备良好的心理素质、坚韧的意志、处变不惊的心理素质，自信、自强、自主、自立的创业精神；诚信素质，即以诚立人，遵守信用准则，诚实守信，"言必行，行必果"，以诚信打动人，以诚信与人交往。

（三）创新型人才培养目标设计的原则

第一，适应性原则。高职教育培养目标定位的适应性原则包括三个方面：一是要适应现代社会发展的需要，培养在生产、管理和服务第一线的创新型技能人才；二是要适应区域经济发展的要求，立足本地，面向市场，因地制宜，根据地方经济、产业结构、文化资源的现状和发展需要定位、调整人才培养目标，重点为区域经济建设和社会发展培养有用人才；三是适应学生全面发展和个性发展的培养目标，重视结合学生身心潜能的开发和个性发展的要求，注重学生全面发展，打破整齐划一、模式一律的培养目标定位格局，鼓励多样性，促进创新型人才的培养。

第二，导向性原则。高职教育培养目标应以社会发展需求为根本导向，只有满足社会需求的培养目标才是学生生存、发展的根本基础。培养目标的导向性原则体现在前瞻性上，要有一定的超前意识，不仅要适应现代社会发展的要求，更要瞄准未来社会发展之需要；不仅要适应我国社会发展现实与未来的需要；还要符合国际社会发展现实与未来的需要。高职教育的培养目标以促进学生德、智、体、美全面发展为根本，以培养学生的创新精神和创新能力为重点，激发学生独立思考的创新意识，培养学生的科学精神和创新思维习惯，重视培养学生收集处理信息的能力、获取新知识的能力、分析和解决问题的能力、语言文字表述的能力以及团结协作和社会活动的能力。

第三，实用性原则。高职教育培养目标的定位要具有实用性。培养目标是高职教育要达到的目的，宏观性的目标必须能够逐层分解成便于教学的子目标，才能保证目标的实现。高职教育培养目标以社会"需求"为动力，避免以教育"供应"为动力，开展以社会劳动力市场实际"人才需求"为目标的市场经济下的高职教育；以就业为导向，既要考虑学生毕业时的就业需求，又要考虑到职业岗位变化与今后发展的需要。同时，高职教育培养目标以满足学生"水平和能力提高"为要义，防止"高文凭，低水平"；以职业岗位群的素质知识结构、能力结构为基础，提升学生能力水平，满足社会需求。

第四，一致性原则。高职教育培养目标定位要重视理论与实际的密切关系，要坚持人才培养标准与鼓励学生个性发展相结合，要坚持知识与能力相结合，要坚持层次定位与职业定位相结合，做到"四个一致"。

第五，创新型原则。从现实的高职教育结果看，学生知识面的深广度、全面性、系统性以及基本知识、基本技能都不差，但在职业岗位群的实践环境中的适应能力、应变能力明显不足，而究其原因主要是学生缺乏创新素质与创新能力，缺乏独立探索、发现问题、灵活运用知识、创造性地解决问题的能力。因此，高职教育培养目标的定位必须把学生创新精神和实践能力的培养作为重点。

高职教育要坚持"以全面发展、个性发展为主线，以能力培养为中心"的创新教育观，做到"两克服、两树立"，即要克服片面强调业务素质而忽视思想道德素质、文化素质和身心素质的培养与教育；要克服过分强调知识的传授和学习而忽视专业技术和能力的培养与教育；要树立以适应社会需要、科技进步、行业发展为主要评价指标的质量观；要树立以提高学生综合素质为目的，以掌握常规技术为基础，以关键技术为核心，以先进技术为品牌，知识和能力并重的教学观。因此，高职教育要坚持以市场需求为导向，提高学生解决问题的知识和能力，培养创新型应用人才。

（四）创新型人才培养目标的能力要求

1. 获取和使用信息的能力

面对大量的信息能迅速获取并有效地进行分析、综合与应用，从某种意义上讲这本身就是一种创新。因为，创新的过程就是信息加工、信息重组和信息利用的过程，是在对前人的研究成果进行全面深入研究的基础上得出自己独创性成果的过程，而这已为历史的经验所证实，人类文明史上任何一项科学研究和创新都是建立在知识信息基础上的。

获取和使用信息的能力与创新人才培养的内容是紧密关联的。对高职学生而言，创新意识、创新能力的核心是发现问题、分析问题、解决问题的能力，而在这一过程中获取和利用信息是不可或缺的途径与手段。从信息学的角度看，发现问题实质就是对已存在或掌握信息的思考与衡量，分析问题是查找并应用已经实践考验的信息对需要思考与衡量的信息的验证，而解决问题其实就是应用已获取的信息对偏差信息进行修正或创新。因此，培养学生有效获取和使用信息的能力，实质上就是培养学生发现问题、分析问题、解决问题的能力；对学生信息意识、信息能力、信息知识、信息品质的培养，实质上就是对学生创新意识、创新能力、创新知识、创新品质的培养。

从学习方法论的角度看，培养学生获取和使用信息能力，实际上所倡导的就是自主学习，就是培养学生终身学习的观念和方法，而自主学习、终身学习的观念和方法也是创新型人才培养所应必备的素质与能力。

2. 组织协调合作能力

组织协调能力是指根据工作任务对资源进行分配，同时控制、激励和协调群体活动过程使之相互融合，从而实现组织目标的能力。

组织能力与协调能力相比较，侧重于组织内部的宏观把握能力，是使组织内部的每位成员和各种要素得到统一、协调并各尽其职的能力。组织能力包括计划能力、总结能力、资源整合能力、制度调整能力以及能够做出表率的能力。这实质上已经对人才提出了较高的标准，不具备较强的创新能力，就不具备表率的能力，也就无法实现对他人的引导、激励，更无法协调资源取得行动的一致。

协调能力是指运用自己的职责、威信以及各种方法、技巧，使各种资源、关系、因素整合起来行动一致并形成合力，以实现预定目标的能力。在这个过程中，要善于团结一切可以团结的人，团结一切可以团结的力量，求同存异、共同协调的发展，做到不失原则、灵活有度地搞好内外团结，处理好人际关系，相互信任、相互沟通、友好相处、互相配合、和谐一致，建立有利于工作的和谐环境。

合作能力是指两个或两个以上的个体通过相互之间的配合和协调而实现共同目标的能力。在当今社会环境下，知识更新激增，社会分工越来越细，而个体的知识与能力的有限性使"英雄"的年代不复存在，只有通过与他人的合作才能够为个人发展创造必要条件和更大空间。因此，合作能力已成为促进社会发展与个人进步的重要能力之一。

3. 自主学习能力

自主学习有广义和狭义之分。广义的自主学习，是指人们通过多种手段和途径，进行有目的、有选择的学习活动，从而实现自主发展的社会实践活动。狭义的自主学习，是指学生在教师的科学指导下，通过能动的创造性的学习活动，实现自主性发展的教育实践活动。广义的自主学习包括学校教育、家庭教育、社会教育和个人自学在内的一切有目的、有选择的学习活动。从创新型人才培养的要求看，我们更倾向于对学生广义的自主学习能力的培养。

自主学习能力是对学生的自主性发展的促进，强调学生要创造性地学习。自主学习能力是把学习建立在人的能动性基础上，以尊重、信任、发挥人的能动性为前提，将学习建立在人的独立性基础上，其实质就是独立学习，要求学生能够不依赖教师和他人自主独立地开展学习活动。自主学习能力要求学生应具备提出学习目标、制订学习计划、设计评价指标的能力；具备积极发展各种思考策略和学习策略，在解决问题中学习的能力；具备在学习过程中有情感的投入，有内在动力的支持，能从学习中获取积极的情感体验的能力；具备在学习过程中对认知活动进行自我监控，并做出相应调适的能力。

信息化的知识经济时代，知识更新的周期缩短，社会发展的需要以及个人的生存、发展的需要都要求个人要不断地学习，以充实、完善自己的知识与能力。"学会学习"不仅是个人的需要，也成为社会衡量人才尤其是创新型人才的最基本标准之一。

4. 专业技术能力

专业技术能力是指适应职业岗位群需要的岗位技能，是在具有一定的文化科学知识和专业知识基础上通过培养训练形成的工作能力。因此，专业技术能力是从事职业活动的必要条件，是在职业岗位进行创新活动的基础。

专业技术能力是学生掌握和运用专业知识进行专业生产、管理、服务的能力，包括现代科学技术的意识和基本技能的掌握、有良好的生活能力和劳动习惯、具有热爱劳动的态度和自觉劳动的习惯。专业技术能力的形成具有很强的实践性，要在实践中不断摸索，逐步提高发展、完善。

专业技术能力在各国职业技术教育领域被视为多种能力和品质的综合体现，即综合能力。综合能力是以知识的掌握程度为基础的，且具有明显的层次性结构特征。一般来说，综合能力结构可分为三个层次：核心能力（第一层次），包括接受新技术能力、决策能力、管理能力、认知能力、语言能力等，这些能力相互影响，其融合度越高，则核心能力越强；相关能力（第二层次），如敬业能力、合作能力、交流能力、创业能力、信息处理与加工能力等，这些能力是巩固和强化核心能力、加强核心能力同外围能力联系的基础；外围能力（第三层次），主要包括自学能力、发展能力、自我推销能力等，这是构成应用型高等专业人才综合能力结构的基础，是开发、提升核心能力和相关能力的营养源。

创新型人才的专业技术能力着眼于技术手段、生产模式飞速更新的大背景，立足于职业岗位群的变动性与流动性，重视个人素质与能力在职业活动中的作用，强调学习能力的培养与知识、能力的更新、补充，以适应社会发展的需要、职业岗位的需求。

5. 创新能力

创新能力是指在顺利完成以原有知识经验为基础的创建新事物的活动中表现出来的潜在心理素质和能力。创新能力是获得新知识、发现新事物的能力，是能独创性解决问题的能力，也是能创造新颖的、独创性的思想和事物的能力。

创新能力包括两方面的含义：一是大脑活动的能力，即创造性思维、创造性想象、独立性思维和捕捉灵感的能力；二是创新实践的能力，即人在创新活动中完成创新任务的具体工作的能力。创新能力是一种综合能力，与人们的知识、技能、经验、心态等有着密切的关系。因此，具有广博的知识、扎实的专业基础知识、熟练的专业技能、丰富的实践经验、良好的心态的人容易形成创新能力，它取决于创新意识、智力、创造性思维和创造性想象等。

创新能力最重要的心理素质和能力归纳为三个方面：一是创新意识，即在创新活动中高度的事业心、自信心、独立思考的品质和探索精神；二是创造性思维，即在创新过程中的思维，它是创新的核心；三是实践能力、动手能力，一切创新都是在实践活动中形成的。因此，实践是创新能力形成的唯一途径，也是检验创新能力水平和创新活动成果的尺度标准。

创新能力构成要素有三个层面：第一个层面集中在创新思维方面；第二个层面集中在创新方法方面；第三个层面集中在创新的应用能力方面。创新能力在一定的知识、能力积累的基础上可以培养训练出来，而培养的关键是解放自己，因为创新能力根源于人的潜在能力的发挥。

对高职学生而言，创新能力是以知识素质教育和职业能力培养为基础，从一般能力发展而来的。其表现为：具备宽广而扎实的基础知识，能够熟练掌握和运用创新方法，具有获取知识和运用知识的能力、信息加工的能力、分析解决问题的能力、岗位动手能力。

6. 关键能力

近年来，在国际职业教育领域，为强化培养学生的职业岗位适应能力和应变能力，除知识、技能的培养外，更为注重非智力因素的培养，即人格素质的培养。为此，各发达国家在职业教育中引入了"关键能力"的概念。关键能力，也称核心能力、普遍能力，指对劳动者从事任何一种职业都必不可少的跨职业、跨岗位的基本能力。对关键能力内涵的认识，各国不尽相同，但其基本精神一致。关键能力不是针对某种具体职业岗位的，而是无论从事怎样的职业岗位都必须具备的能力，包括解决实际问题的能力、与他人交流合作的能力、应用技术的能力、计算的能力等。对关键能力的具体阐述，我们较为倾向于德国职业教育学者的看法，即关键能力包括与个人相关的能力、社会和组织能力两个方面，其中与个人相关的能力有求知欲、自我革新和独立性、学习能力、责任感、耐挫能力、应变能力、冒险精神等，社会和组织能力有沟通能力、使用能力、分析能力、计划能力、组织能力等。这与我们所主张的高职教育创新型人才培养也是一种精神上的吻合，而关键能力的内涵正是创新型人才培养所要侧重的内容。

第二节　高校创新型人才培养的方法

一、高校创新型人才培养的教学方法

（一）高校创新型人才培养方法——项目教学

项目教学是指师生通过共同实施一个"项目"工作而进行的教学活动，而项目本身是以生产一件产品或提供一项服务为目的的任务。项目教学的指导思想是将一个相对独立的任务项目交予学生独立完成，从信息的收集、方案的制订与实施到完成后的评价都由学生具体负责。通过一个个项目的实施，使学生能够了解和把握完成项目的每个环节的基本要求与整个过程的重点难点，而教师在教学过程中起到咨询、指导与解答疑难的作用。

1. 项目教学的构成要素

项目教学主要由内容、活动、情境和结果四大要素构成。

（1）内容。项目教学是以真实的工作岗位为基础挖掘课程资源，其主要内容来自真实的工作情景中的典型的职业工作任务。在项目教学中，内容与企业实际生产过程或现实商业活动有直接的关系（如购置材料，具体加工材料），学生有独立进行计划工作的机会，在一定时间范围内可以自行组织、安排自己的学习行为，有利于培养创造能力。

（2）活动。项目教学的活动主要指学生采用一定的劳动工具和工作方法解决所面临的工作任务所采取的探究行动。在项目教学活动中，学生不是在教室里被动地接受教师传递的知识而是着重于实践，在完成任务的过程中获得知识、技能和态度。活动有两种特点：一是活动具有一定的挑战性。所完成的任务具有一定难度，不仅是对已有知识、技能的应用，而且要求学生运用已有知识在一定范围内学习新知识、新技能，解决过去从未遇到过的实际问题，通过解决问题提高自身的技术理论知识与技术实践能力。二是活动具有建构性。在项目教学中，活动给学生提供发挥自身潜力的空间，使学生在过程中亲身体验知识的产生，并建构自身的知识。

（3）情境。情境是指支持学生进行探究学习的环境，而这种环境可以是真实的工作环境，也可以是借助信息技术条件所形成的工作环境的再现。情境有以下特点：一是情境能够促进学生之间的合作。在项目教学中，根据项目主题，学生从信息的收集、方案的制订、项目的完成到成果的评估，主要采取小组的工作方式进行学习，并为了最终完成项目作品相互依赖、共同合作。二是情境有利于学生掌握技术实践知识、工作过程知识。技术实践知识与工作过程知识的情境性，决定了这类知识的掌握依赖于工作情境的再现。情境为学生职业能力的获得提供了一种理想的环境，并能拓展学生的能力为他们走向工作岗位做好准备。

（4）结果。结果是指在学习过程中或学习结束时，学生通过探究行动所学会的职业知识、职业技能和职业态度，如技术实践知识、合作能力、创新能力等。

2. 项目教学的特征分析

（1）教学内容以工作任务为依托。在项目教学中，教学内容通常以教学项目的方式对教学内容进行整合，是围绕教学任务或单元设计出的一个个学习环境及其活动，或一个个项目、技术及其方法。教学项目往往是从典型的职业工作任务中开发出来的，教学内容突破了传统的学科界限以项目为核心，按照工作过程逻辑建构教学内容。

项目教学以典型的职业工作任务为依托建构学习内容，有效地解决了传统教学中理论与实践相脱离，游离于工作岗位之外的弊端。理论教学内容与实践教学内容通过项目或者工作任务紧密地结合在一起。通过典型的职业工作任务，学生可以概括性地了解未来职业岗位的主要工作内容、自己所从事的工作在整个工作过程中的地位与作用，并能够在一个整体性的工作情境中认识自己是否能够胜任工作、今后努力的方向。

（2）教学活动以学生为主体。从实践上看，项目教学采用较多的是工作小组的学习方式，这不仅有益于学生特长的发挥，而且有助于每位学生的责任感和协作精神的形成，从而体验到个人与集体共同成长的快乐。同时，项目教学改变了以往学生被动接受的学习方式，创造条件让学生能积极主动地去探索和尝试。在项目教学中，从信息的收集、计划的制订、方案的选择、目标的实施、信息的反馈到成果的评价，学生可以参与整个过程的每个环节并成为活动中的主角。

（3）学习成果以多样化为特征。项目教学创造了使学生充分发挥潜能的宽松环境，其学习成果主要不是知识的积累，而是职业能力的提高。职业能力是一种综合能力，它的形成不仅仅是靠教师的教，而是在岗位实践中形成的。这就需要为学生创设真实的职业岗位情境，通过以工作任务为依托，使学生置身于真实的或模拟的工作环境中。在项目教学中，每位学生会根据自身的经验，给出不同的解决任务的方案与策略，对成果的评价不以唯一正确性为标准，因为评价解决问题方案的标准并不是"对"或"错"，而是"好"或"更好"。因此，学习的成果是多样化的。

3. 项目教学的实施阶段

项目教学的实施可划分为三个阶段，即项目的准备、实施与评价。项目教学的每个阶段所要完成的教学任务不同，教师在各个阶段所扮演的角色也有所不同。

（1）准备阶段。教师要向学生提供与完成教学项目相关的知识、信息与材料，指导学生寻求解决问题的方法，是学生学习的指导者。

（2）实施阶段。教师主要营造学习氛围、创设学习情景、组织和引导教学过程，当学生在完成任务的过程中碰到困难时给予具体的帮助，是学生学习的组织者与引导者。

（3）评价阶段。教师在学生自我评价的基础上，帮助学生对项目教学的目标、过程和效果进行反思；教师让学生评价自己的参与行为表现，总结自己的体验；评价学生在项目教学中的独立探究的能力与小组合作的精神，是学生学习的评价者。

（二）高校创新型人才培养方法——案例教学法

案例教学法是一种"亲验式"的教学方式。案例教学法是根据教学目的和培养目标的要求，以教学案例为基本教学素材，让学生在教育实践的情景中分析问题和解决问题，培养学生综合能力的一种教学方法。

1. 案例教学法与传统教学法的区别

案例教学法与传统教学法的不同之处在于以下方面。

（1）教学材料不同。传统教学方法使用的是教科书；案例教学则主要使用的是案例材料。案例不是对理论的系统阐述，而是为适应特定的教学目的而编写的，是对一个个真实情景的描述，且这个情景中包含一定的思考题，要求学生思考、分析、消化吸收。

（2）教学过程不同。案例教学的过程不是以教师讲授为主，而是以学生之间的讨论和辩论为主，这既调动了学生的积极性，也使学生有展示自己能力的机会。

（3）教学目的的不同。传统教学方法的目的主要是向学生传授知识，而案例法教学的着眼点在于学生创造能力以及实际解决问题的能力的发展。案例教学把培养能力放在比获得知识更重要的位置，是让学生通过案例把握获得知识的更有效方式与运用的思路、方法，而不仅仅是获得知识本身。

2. 案例教学法的具体实施

（1）选取案例。选择案例是案例教学法的首要条件和关键，因为案例教学法是运用具体案例进行教学。案例的选取应注重针对性、时效性、典型性，并尽可能具有的趣味性。同时，教师应着手收集、编写、设计与教学内容相适应的案例，但案例应具有真实性，而不是教师的随意杜撰。因此，在选择案例时应在以下方面有所考虑。

第一，案例的目的性。案例是一个实际情景的描述，在这个情景中包含一个或多个疑难问题，同时也应隐含有解决这些问题的思路与方法。案例教学是通过对一个个具体案例的思考开发学生的创造潜能，通过案例分析培养学生的决策能力和选择结论的能力，真正重视的是寻求答案的过程，培养学生具有解决实际问题的能力。

第二，案例的启发性。案例是有的放矢地围绕一个或几个问题编写的，有的问题表现明显，有的问题表现隐含，案例的内容和揭示矛盾的深度应有利于启发学生积极思考。

第三，案例的典型性。在教学中，只有选择典型的案例，才能使学生得到更多的启发，才能使他们在实际运用时做到举一反三，不断提高分析问题的能力。

第四，案例的精确性。选用案例必须典型、简练、具体、真实，富有时代感，每个案例都要有其自身的使用价值、理论价值和现实意义，并紧紧围绕教材本身所阐述的观点，围绕学生的实际情况来选择案例，从而起到帮助学生理解和掌握知识的作用。

（2）开展讨论分析案例。讨论是案例教学法的核心环节，如何把握好此环节是案例教学成功与否的关键。在这个环节中，教师可以把学生分成若干小组，以组为单位进行讨论，每组可指派代表向全体汇报案例分析的思路、方法和结论并阐述自己的观点。教师在整个讨论过程中要扮演好导演、教练的角色，及时正确地引导学生，协调沟通，使讨论顺利进行。

（3）总结归纳案例。讨论结束后，由教师根据教学要求进行归纳总结，并给予学生必要的引导。归纳总结并非简单地给出案例讨论的答案，而是指出案例讨论的思路、难点、重点、应解决的主要问题，要评价讨论的不足之处与成功之处。

（4）结合理论联系实际进行案例演练。在厘清知识要点、讲解归纳教学内容之后，学生已经初步理解了理论知识，教师可以联系实际再次展示新的案例，让学生利用所学知识进行分析，或创设案例情境让学生进行演练，以达到教学、实践、训练、服务等多重目的。

案例教学法可以使抽象的概念、原理处于一定的情境之中并将之具体化，让学生可以更清楚、更深刻地把握和理解这些概念、原理，使学生的创造能力和解决实际问题的能力得到发展，有利于学生独立思维习惯的培养和提高表达能力，培养交流和合作的意识，强化竞争意识。

（三）高校创新型人才培养方法——问题教学法

问题教学法是指师生合作共同解决一个实际问题，以达到启发学生思维和培养学生解决问题能力的一种教学方法。问题教学法的实施分为以下四个阶段。

第一，选择问题。学生应在教师的指导下设计疑难的情境或选择疑难问题，以引发思考。这是教学的第一步，也是问题教学法的关键所在。教师若不向学生提出疑难的问题，引起学生怀疑和探索的欲望，而简单地要求学生去思考是徒劳无益的。不过，设置的疑难情境和提出的疑难问题必须适合于学生的知识经验，太难或太容易都不利于引发学生的学习动机。

第二，明确问题。问题一旦选好，教师应帮助学生使问题明确起来，把疑难的情况或问题讲清楚，帮助学生分析问题，一定要使学生完全明白要解决哪些问题。

第三，寻找线索，提出假设。明确了要解决的问题之后，教师应鼓励学生根据他们的知识和经验，运用推理和观察的方法去探索解决问题的线索，继续不断地提出解决问题的办法或假设。如条件许可，教师还应给学生提供必要的资料，介绍收集资料和获得线索的工具。

第四，解决问题。学生在教师的指导下选出解决问题的最佳途径并加以验证。对于学生所提出的假设要用批判的态度来分析验证，若发现假设不成立应即刻放弃而转而再验证另一假设，直至获得一个相对满意的假设并进行深度验证。

问题教学法的最大优点就是能最大限度地发挥学生认知的可能性和学习的积极性、主动性，培养学生创造性学习的态度和创造性解决问题的能力。

二、高校创新型人才培养的学习方法

（一）高校创新型人才培养方法——合作学习

合作学习，又称协作学习。从学习的组织形式上看，合作学习是相对于"个体学习"而言的一个概念，是指学生在小组或团体中为了实现共同的任务有明确的责任分工的互助性学习。合作学习的实质是在学生间建立起积极的相互依存关系，每一位成员不仅自己要主动学习，还要帮助其他成员学习。合作学习是以小组活动为基本教学方式，以团体成绩为评价标准，以标准参照评价为基本手段，以大面积提高学生的学习成绩、改善班级内的学习气氛、形成学生良好的心理品质和职业能力为根本目标的。

合作学习的基本流程是：教学目标呈现—集体讲授（课堂教学）—小组合作活动—测验—评价和奖励。需要注意的是，合作学习的教学目标不仅是学术性目标，还包括了合作能力目标；不仅包含认知领域，还包含情感领域（如相互尊重、相互帮助、荣辱与共等）的教学目标；不完全否定传统的集体性质的课堂教学，而是兼顾教学的集体性与个体性，采用班级授课与小组活动相结合的教学组织形式；合作学习不排斥测验，但合作学习的测验目的不是排名次、分高低，而是检查小组任务完成的情况，以及测验学生的进步情况；

合作学习的评价与传统教学的评价不一样，变传统教学中的常模参照评价（个体在整体中的名次）为标准参照评价（个体进步分数），同时不仅有教师对学生的评价，还有学生之间的相互评价。

真正的合作学习有不可缺少的五个要素：一是相互依赖，要求学生知道不仅要为自己的学习负责，而且要为其他同伴的学习负责；二是面对面的相互性促进作用，要求学生进行面对面的交流，相互促进彼此的学习成绩；三是个人责任，要求学生必须承担一定的学习任务，并要掌握所分配的任务，分工明确，责任到人；四是人际交往技能，要求教师必须教会学生一定的社会交流技能，进行高质量的合作；五是小组加工，要求合作学习者定期评价合作学习的情况，检验合作学习方法与效果。其中，相互依赖和个人责任是两个关键的要素。

第一，相互依赖。合作学习首先需要学生树立"荣辱与共"的意识。在合作学习中，学生承担两个责任：一是学习分配给自己的材料；二是保证所有小组成员都学习各自的材料。这种双重的责任就是一种积极的相互依赖的关系。这种相互依赖有两个特征：一是对于小组的成功，每一个小组成员的努力都是必不可少的；二是对于整体的任务，每个小组成员都有其特殊的贡献。小组成员必须不断地调整他们的工作，以便与伙伴们的工作协调一致。在相互依赖的情境中，小组成员一方面看到了自己的工作有益于小组伙伴和小组伙伴的工作也有益于自己；另一方面在小组中大家一起努力共享学习资源，相互帮助，相互鼓励，共同进步。小组成员的相互依赖，应该表现在四个方面：一是目标的相互依赖，个体的学习目标实现与否，与小组其他成员的目标达到与否紧密相关；二是奖励的相互依赖，当小组的目标达到时，教师既要评价小组的总成绩，又要给出个体的成绩，而这两种成绩由小组成员的依赖、合作、贡献程度所决定；三是资源的相互依赖，每一位小组成员都拥有完成小组整体任务所需的一部分资源和信息，只有把每位成员所拥有的资源都集合在一起共享资源，小组的整体目标才能实现；四是角色的相互依赖，每一位小组成员都扮演着一定的角色，并且都承担着特定的对于完成整体目标不可缺少的责任，这些角色彼此息息相关。

第二，面对面的相互性促进作用。为了完成整体任务和实现整体目标，小组成员之间要相互帮助和支援，共享所需的学习资源，并更有效地加工信息；用批判的眼光审视彼此的结论和推理过程，彼此提供反馈以改进以后的工作，使判断能力和洞察能力向更高的层次发展。

第三，个人责任。小组成员要认识到每个人都必须尽职尽责，不能有"搭便车"的想法，否则小组成员都会采取袖手旁观的态度，这样小组的整体目标就无法实现。对个人而言，只有积极地参与才可能获得更多的学习机会，从而使得自己很快提高。为了使每一位小组成员都积极参与到合作学习当中，避免袖手旁观的现象发生，通常采取以下方法落实个人责任：分组时，每个位组成员的数目不宜过多，最好介于3~7名之间；对每一位小组成员进行考核；要求小组成员不定期地口头向教师或整个班级汇报其所在小组的工作情况；观测每个小组并记录每一位小组成员对小组工作的贡献次数；指派一个小组成员担任该组的"检查员"，督促小组成员的交流并监督、调整小组成员的状态。

第四，人际交往技能。为了实现小组的共同目标，学生必须彼此了解并相互信任、相互帮助、相互支援，准确地表述自己的想法，建设性地解决冲突与矛盾；教师必须有意识地培养学生上述的交往、沟通能力，使他们具备高质量合作所需的人际交往技能，并激励他们在合作小组中应用这些技能，否则学习小组的成绩就难以提高，甚至无法完成整体目标。

第五，小组加工。小组加工即对小组工作的反省、测评，其中包括描述怎样的成员行为是有益的和有害的，判断怎样的行为应该继续保持或者改变。小组加工的目的就是改进小组成员在相互协作的过程中的有效性，其中在合作学习中有两个层次的加工，即小组加工和班级加工。为了保证小组加工的进行，教师在每一次班级讨论时都应分配一些时间，让每一个小组思考成员之间应如何有效地在一起工作。这样的小组加工包括以下内容：一是使小组内部保持一种良好的工作关系；二是促进小组成员合作能力的发展；三是为小组成员提供有关小组合作的反馈；四是提供给小组成员促进其成功的方法，并强化小组成员的积极行为。班级加工是指在全体同学中展开的另一种层次的加工，主要由教师来完成。

（二）高校创新型人才培养方法——自主学习

自主学习，简单地说就是学生自己主动地学习，自己有主见地学习。自主学习强调学生在学习中的主体地位，重视在学习活动中的积极主动的反映。学生在教师的指导下，在规定的时间内，做到对某一问题有自己的理解、分析和判断，获得基本知识，学到基本技能。自主学习是应"终身教育"的理念而提出的，是有效获得知识的不可或缺的一种能力。

自主学习具有研究性、开放性、能动性和过程性等特征。研究性是指在学习过程中不局限于书本上和教师讲的现成结论，而是倡导探究事物发生、发展的规律及未来发展的趋势，注重知识的形成过程，鼓励运用已学知识进行多角度的分析或以不同的思路去思考问题、解决问题，进而掌握知识、提高学生解决问题的能力。开放性是指学生置于一种动态、开放、主动、多元学习环境中，以多样化的方式、方法和渠道去获取知识，积累一定的感性知识和实践经验。能动性是指学习建立在人的能动性上，以尊重、信任、发挥人的能动性为前提，既要求学生能从多渠道去寻求自己所需的信息，又进行分析、归纳、整理、提炼，从中发现有价值的信息，并强调学习的着眼点不仅是对知识的加深和拓宽，更是将所学知识加以综合并运用到实践中。过程性是指将学习过程看得比学习结果更重要，让学生通过诸如方案制订、查找资料、动手实践、调查等亲身实践获得对将来工作的直接感受。

自主学习要学会选择学习目标和制订学习计划，学会充分利用学习资源。选择学习目标要以自己的需要和发展为基础，要为自己制订一个切实可行的计划，养成按自己选定的目标和制订的计划学习的习惯。自主学习要学会利用图书馆、资料室、网络、教师、同学等学习资源；学会使用工具书、教科书独立地查阅文献资料，搜集各种必要的知识信息；学会与他人的学习交流，经常与他人交流学习心得、讨论学术问题，互相启发，互相促进，活跃思想，提高学习效果。

自主学习要注意观察和学习他人的学习经验和方法，不断总结自己的学习体会，探究适合自己的学习方法。自主学习主要有以下方法。

1. 目标牵引学习法

目标牵引学习法是以成才目标和达到规定的教学要求、评价标准为指向，通过采取不同的方式、方法、手段和途径实现目标的学习方法，比较适合于基础理论、基本技能等内容的学习，其实施为以下三个步骤。

（1）制订目标。学习目标可以根据实际情况由教师指导制订或自主制订。在制订学习目标时，既要有学习的总体目标，又要有学习的阶段目标。

（2）制订计划、措施。紧紧围绕学习目标和评价标准制订实现目标，以及达到标准的具体计划和措施，主要包括选择学习内容，确定学习的重点和难点，合理分配学习时间，科学安排学习进度，制订实现计划、完成进度、解决重点难点的措施、手段和途径，检验评价学习效果的措施，学习的自我控制和调节措施。

（3）验收评价。按照计划和进度进行自主性学习，结合各种考试、考查及实践活动对学习效果进行验收和评价，并针对存在的问题及时调整和修正自己在学习中的各种偏差。

2. 问题探究学习法

问题探究学习法是以问题为牵引，通过自主性探索研究寻求正确答案，达到学习目的的学习方法。问题探索学习法比较适合于应用性较强的理论和技能内容的学习，其实施分为三个步骤。

（1）形成问题即发现和确定问题，根据教学目的从学习的内容中归纳提炼后提出。所确定的研究问题，必须是学习内容中的精华和要点，必须紧紧围绕激发创造性思维、培养探索精神这个核心，既要有一定的深度，又要有一定的难度。

（2）搜集资料，思考研究。针对所确定的问题广泛搜集与问题有关的资料和信息，调动自身思维的积极性，采取多种思维方法，对所确定的问题进行探索、研究、发现和创新，从而得出问题的答案或解决问题的具体方法。

（3）解决问题。针对问题，将探索研究中所形成的答案或假说运用于解决问题的实践中，在实践中检验、修改、充实和完善，使自己的学习得以巩固和提高。

3．研讨争鸣学习法

研讨争鸣学习法是在问题探究的基础上以师生之间、学生之间的研究、讨论、交流为主要方式，通过研讨争鸣、对比选优得出最佳结果或处置方案的学习方法。研讨争鸣学习法比较适合思维性、理论性、应用性较强的内容的学习，其实施为以下四个步骤。

（1）提出问题，个人准备。在教师指导下或自己针对学习内容提出带有综合性的重点、难点问题，由个人查阅资料、收集素材。

（2）个人研究。自己带着问题进行思考研究，寻找讨论答辩提纲或论文。

（3）研讨争鸣。在前两步的基础上，以班或小组的形式进行不同范围的广泛交流、研究和辩论，阐述各自的观点和理由。

（4）归纳梳理，形成共识。在广泛研讨的基础上，在统一组织下对各种答案和处置方案进行归纳整理、对比选优、博采众长，形成正确答案或最佳方案，统一大家的观点和认识。

4．实践体验学习法

实践体验学习法是学生在理论学习的基础上，以大量的实践活动为载体，使所学的知识技能得到巩固提高，并通过实践实现知识技能向应用能力和创新能力转化的学习方法。实践体验学习法比较适合于实习、实践等操作性、应用性较强的内容的学习，其实施为以下三个步骤。

（1）实践准备。学生个体为参与实践活动而进行的理论、思想和物质准备。

（2）实践实施。围绕学习目的进行大量的操作、试验、练习和作业。

（3）实践总结。结合实践活动，对所学知识进行再认识，总结经验教训，为新的实践活动提供理论指导。

5．网上自主学习法

网上自主学习法是借助计算机网络等现代教育技术手段获取知识的学习方法，这种方法能充分发挥网络技术信息量大、快捷方便、支持面广、资源共享、节能高效等优势，比较适合于各学科前沿性内容的学习。实施网上自主学习，要求学生不仅要有一定的基础理论知识，而且要有较好的计算机、网络知识为支撑。

（三）高校创新型人才培养方法——参与式学习

参与式学习是以"学会共事，学会学习"的结合为目标，以学生的兴趣和内部动机为基础，在课程学习中不过多受教师的束缚，通过参与讨论、亲身体验、应用知识等过程开展问题解决活动，通过交流、协作、发表演讲等活动促进学生问题解决能力的延伸，使学生的学习得到深化、扩展并创造与他人的协作化、共有化、社会化的机制。"参与式学习的目的，是要培养学生的学习能力，问题解决的能力，信息运用的能力，重视与他人合作、个人体验、人际交流。"① 参与式学习主要有以下基本特征：

第一，学生身份的主体性。学生由活动的客体变成了主体，由教学过程的被动接受者变成了主动参与者、探求者，教师承担起学生学习的指导者、辅助者、咨询者的角色。

第二，学习过程的互动性。在参与式学习过程中，参与本身即意味着行动，师生之间、学生之间因相互质疑、争论而互动，激发学习的热情，有助于创造性思维的培养和创造性成果的产生。

第三，教与学主体的平等性。在师生互动的过程中，参与式学习方式使学生成为学习活动的真正主人，教师成为学生学习的咨询者、合作者和指导者，既是师长更是朋友和伙伴。

第四，学习方法的启发性。在参与式学习过程中，参与式学习方式具备启发式教学的一些基本特征，教师要启发学生自己思考，尊重学生的不同观点，有利于形成发展学生求异思维、创造性思维的氛围。

第五，学习方式的多样性。在参与式学习过程中，参与式学习方式的灵活性体现在多个方面，包括课堂上的积极讨论；课前的大量查阅资料、积极思考；课后的归纳总结；师生之间的沟通、探索；学生之间的相互争论；课堂上参与研讨；实验、实习场所的理论付诸实际，以及课后的及时沟通等。因此，参与式学习的学习方式是多样性的。

第六，学习价值的创新性。在参与式学习过程中，参与式学习强调学习的主体性、开放性、灵活性，学习的氛围比较宽松、自由、民主平等，学生的思维较少受到各种模式的限制而比较活跃，这对学生的创新精神和能力的培养极为有利。

---

① 陶秀伟，鲁捷. 高职创新型人才培养研究［M］. 沈阳：辽宁人民出版社，2010：102.

参与式学习能够激发学生的求知欲，创设融洽的师生关系。其宽松、自由、自主的学习氛围使得学生能自主、自觉、自由地与教师及其同伴进行对话，给予学生足够的实践和思考的机会，解决在学习中遇到的问题，促使学生能更主动地探索、发现问题，更自觉地动手实践检验相关知识、理论，培养理论联系实践的能力以及创造能力和创新精神，全面发展自我。另外，参与式学习让学生在较长的时间内相互合作，有助于合作精神和责任感的养成，能够促进合作能力和社交能力的培养。

参与式学习强调学生的主体作用，是学生的一种自觉活动。但是，这种活动的有效开展应建立在学生已经具备必要的基础条件之上，要求学生要有相应的知识基础和良好的知识、能力结构，这样对促进学生自主学习较为有益。

第三节　高校创新型人才个性化培养模式

一、高校创新型人才个性化培养的自适应学习系统模式

（一）个性化自适应学习系统的内容

目前，国内外对于自适应学习平台的定义不尽相同，但总体而言是指通过在线学习平台获取与分析学习数据，实现实时的个性化教育，不仅能够通过对学习者的个性化信息的综合分析为学习者提供个性化服务，还能利用计算机将所分析的学习数据以报告的形式反馈给学习者，以便学习者及时地了解自己的学习情况。其中，我国偏向于强调自适应学习平台能够为用户提供个性化服务，而其个性化的服务是基于对学习者学习风格、认知水平等学习者自身背景方面的因素的综合分析实现的；国外的定义突出自适应学习系统中自适应的实现具有交互性，通过实时交互数据的收集与分析，向用户提供及时更迭的个性化服务。对于教育来说，"自适应"是根据学生实时的学习情况不断调整下一步学生所学的知识点或试题，如此相对来讲国外的定义则较为准确。因此，自适应学习系统应具有以下主要功能。

第一，自适应内容。系统根据学生对知识的理解和掌握情况给予学生实时的提示、及时的反馈以及适应性的内容，在学习过程中为学生提供帮助并促使学生达到学习目标。

第二，自适应评估。系统根据学生上一道题的答案自动改变下一道题的难度；如果学生正确地回答了上一道题，下面的题目难度会增加；而如果学生答错，下一道题的难度就

会降低。

第三，自适应序列。通过不断收集和分析学生数据，运用相应的算法自动调整推送的学习内容的顺序。该功能主要包括信息收集、分析数据、调整推送三个步骤。

（二）个性化学习者模型的构建

学习者模型作为自适应学习平台的核心，是评价平台自适应度的重要指标。科学地认识和分析每一位学习者的差异是开展创新创业人才个性化培养的实施依据，构建一个合理、有效的学习者模型才能准确分析学习者特征，并提供精准的个性化教育。在如何构建学习者模型方面，国内的自适应学习理论以基于认知风格构建学生模型为主，而国外的学习者模型则加入了对学生的学习动机、状态和情感回应等因素的动态分析，因而更具体、灵活；但学习者的认知风格作为在获取、理解、存储、提取和使用信息时所偏好的态度和方式，对于个体来说相对稳定。例如，在学习环境、教材、师资等条件相仿的情况下，学生的学习效果却可能相差甚远，其根本原因是认知风格是重要的个体差异因素之一。同时，在自适应学习过程中，学习情绪也会对学习效果产生很大的影响，积极的情绪往往会促进学生的学习，相反消极情绪则会引来学习倦怠。目前，教育领域对有关学习者学习情绪的研究还很少，主要集中于研究在学习过程中如何个性化地解决学习者在学习过程中产生的问题。

二、高校创新创业人才个性化培养的模式

从创新创业人才培养涉及内容的丰富性和涉及对象的针对性角度，可以将个性化人才培养模式划分为课程优化模式、分级定向模式、平台搭建模式和协同提升模式四种。

第一，课程优化模式。课程优化模式涉及面较小，主要表现为课程组合和学分设置上具有一定的选择性和灵活性，简单方便。在具体实施上，最初始化的课程模式是改革特定课程或一类课程的教育教学方式，以适应创新创业人才培养的需要。

第二，分级定向模式。分级定向模式针对不同年级学生的特点，定向设置有针对性的培养课程、参与项目和实践方式。分级模式关注不同年级学生的特点，关注年级与年级之间的培养衔接，逐步推进专业培养目标和创新创业能力的提升。

第三，平台搭建模式。平台搭建模式深度融合学分设置、课程计划、创新项目、实践基地、科技园区等要素，形成多样化、层次化、递进式的创新创业人才培养平台，满足不同类学生参与创新创业教育的需要。

第四，协同提升模式。协同提升模式解构"第一课堂和第二课堂"的关系，打破

"校内和校外"的界限，改变"教师和学生"角色，形成"面向学生能力提升、适应市场人才需求、突出产业科技前沿、整合参与主体资源"的协同运行体系。在传统模式中，第二课堂承担了较多的创新创业培养任务，如相关课程、素质教育、暑期实践、社团活动以及各种类型的实训竞赛等，这些学生常常在课余时间参加的活动与专业理论课程兼容性较弱，项目主题常常是学生个人或小组的兴趣，与教师的科研项目、产业科研的关联度不大，因此教师的角色一般是辅助性的、间接性的。在协同推进模式中，上述活动直接被纳入第一课堂体系，课程可以直接获得专业主修课程学分，社团活动、暑期实践、实训竞赛围绕科研项目和企业实际问题而设置，或面向前沿或来自应用，因此教师既是辅助者又是引领者或团队伙伴。在传统模式中，高校个性化创新创业人才培养以自我为主，校外合作方（如企业、园区）介入的程度有限，更多地表现为提供实习场所、实践基地；在传统模式下企业与学校的合作，参与者更多的是教师而非学生群体。但是，在协同推进模式下，企业、园区深度纳入个性化创新创业人才培养的过程，通过各类校企合作平台、孵化基地，大学生创业项目孵化、产品试验等直接与企业需求对接。

第四节　产教融合下地方高校创新创业人才培养模式

随着我国经济社会发展进入新常态，创新驱动发展战略、建设创新型国家成为国家战略，高校创新能力面临全面提升以适应战略需要。在我国高等教育综合改革的关键时期，创新创业教育逐步融入高校人才培养全过程，并成为地方高校向应用型转型发展的重要推动力。因此，在产教融合背景下，地方高校作为我国高等教育体系的重要部分，应在高等教育改革发展中实现内涵式发展及人才培养模式的转变。

一、产教融合下地方高校创新创业人才培养的新机遇

"产教融合，是从校企合作演变而来的一个时代概念，强调通过产业与教育的双向互动与整合达到双赢或多赢，进而实现人力资源的供需动态平衡。"[①] 产教融合作为国家教育综合改革和人才开发的整体制度安排，深化产教融合能够推动教育链、人才链、产业链、创新链的有机融合，也是人力资源供给侧结构性改革的内在要求。在产教融合背景

---

①孙冬菅，李洪波. 产教融合背景下地方高校创新创业人才培养模式研究［J］. 兰州教育学院学报，2018，34（12）：83.

下，地方高校创新创业人才培养是以创新创业教育为基础而展开的，是在原有的教育条件下创新体制、机制并具有新的内涵。

对地方高校而言，《关于深化产教融合的若干意见》的印发为今后学校发展及创新创业人才培养提供了方向，并在以下三个方面面临新的机遇。

第一，新政策。在创新驱动发展的国家战略下，高等教育综合改革走向以需求为导向的内涵式发展模式，产教融合步入深度融合新阶段，地方高校在创新创业人才培养过程中能够享受来自政府宏观政策及企业转型升级的持续外在红利。例如，在京津冀协同发展、长江经济带三大战略全面推进的关键时期，区域多元协同创新发展对创新创业型人才需求与人才供应之间还存在较大的缺口，地方高校在多种政策助推下能够实现人才培养向应用型模式的转变，并更好地服务于地方社会经济可持续发展。

第二，新要素。地方高校往往以培养服务地方经济的应用型复合人才为目标，而这种复合模式更多是体现在课程安排的复合。在这种模式下，培养的毕业生拥有基本的专业知识和技能，但创新性不足，因此可以说传统的人才培养模式已不适应新常态下社会创新驱动与转型发展的时代需求。在国家大力推进产教融合的宏观政策下，可以构建以"课程、科研、竞赛、实训及孵化"为核心的五位一体创新创业人才培养体系。这样，传统的以课堂教学为主的知识传播转变为以能力提高为主的创新训练，通过机制创新集成创新要素，充分利用企业的资金、技术、设备及平台加强地方高校应用性人才培养的力度和效果。

第三，新征程。作为世界高等教育第一大国，我国在新时期开启了教育强国、人才强国新征程。地方高校作为我国高等教育的主力军，在人力资源供给侧改革中面临新的更高需求。对地方高校而言，采用多元化的人才培养模式以满足学生个性化的知识学习及能力提升需求，着力培养创新创业及实践能力强的高素质应用型人才，才能满足区域社会经济发展对人力资源多样化、个性化、层次化乃至国际化的需求。因此，创新创业人才培养成为地方高校后续发展的新征程。

二、产教融合下地方高校创新创业人才培养的模式构建

人才培养模式是高等教育人才培养理念的具体体现。传统的人才培养模式是基于专业教育或通识教育或两者融合的教育模式，而面向新时代的人才培养模式必须站在创新创业教育视角创新人才培养体系，将通识教育和专业教育纳入创新创业教育的框架体系内形成有机融合。从面向新时代的人才培养模式这个角度说，创新创业教育是建立在通识教育和专业教育所培养的系统性思维、团队领导力、决策能力及专业技能基础之上的创新意识和创新精神的培养。

在产教融合背景下，地方高校创新创业人才培养模式是以创新创业教育为核心，多元协同的全过程培养。此处的"多元协同"指的是地方高校在创新创业人才培养过程中引入合作企业、兄弟院校及地方政府的力量，构建校企合作、校校合作及校地合作机制，提升地方高校创新创业人才培养的能力，实现多利益主体共赢；全过程培养是指把创新创业教育贯穿学生学习生涯的整个过程，从课程到实践、从管理到服务等育人过程中都要融入创新创业教育，服务于人才培养的根本宗旨。

在产教融合背景下，地方高校创新创业人才培养更加具有实践价值。一方面，通过校企合作能够促进地方高校人才培养的质量和层次，实现地方高校与企业间的资源共享、平台共建，并在企业建设地方高校的实训基地；另一方面，地方高校针对企业存在的发展困境及亟须解决的技术或管理难题发挥智力资本并提供一系列解决方案，以"订单式"和现代学徒制等方式为企业输送具有创新能力的专业技术人才破解人力资源。地方高校通过与高层次、有特色的对口兄弟院校合作，能够在师资力量、教学水平、科研能力等方面得到帮助；通过与地方政府合作，强化创新创业政策优惠及高层次人才引进福利政策等，从政策方面为地方高校创新创业人才培养提供保障。

新经济模式下的创新创业人才培养是建立在通识教育、专业教育及创新创业教育深度融合基础之上的全过程全方位育人，构建一体化育人体系势在必行。地方高校创新创业人才培养体系是通过课程、文化、实践、管理、服务、组织及网络育人等核心工作的实施，以培养具有创新精神、创业意识及创新创业能力的复合型、应用型、研究型人才为根本目标，适应产教融合新形势下人力资源需求侧的要求。

第六章　产教融合下高校应用型人才培养模式

第一节　应用型人才培养及其体系构建

一、应用型人才培养概述

应用型人才的概念与学术型人才的概念是相对的，二者所擅长的专业领域是不同的。所谓的学术型人才，指的是那些专门对客观规律进行研究进而发现科学原理的人才，其所承担的主要任务是要将自然科学和社会科学领域中的客观规律转化为科学原理。应用型人才，指的是熟练掌握专业知识和技能并将其运用到实践中的专业人才。对于应用型人才来说，通过对专业理论知识的运用，将其熟练应用于技术管理、技术服务等方面的工作中。当前，社会对应用型人才的需求极为迫切。应用型人才是行业技术的领军人物和建设者，是具有良好技术素养的专业人才，不仅符合社会的发展需求，还是未来经济发展的奠定者。

应用型人才所具有的知识结构主要是科学的知识体系，其任务是利用已经被人类发现并且掌握的科学原理将之应用到社会发展的实践中，而不是去发展和寻找客观规律。一般来说，应用型人才所从事的工作都与生产和社会生活密切相关，能够为社会创造出直接的价值和财富。在对应用型人才进行培养的过程中，学科知识的教学仍然是最为基本的东西，但并不是培养应用型人才的唯一价值。根据劳动市场对人才的需求，对应用型人才的课程教育可以适度偏离学科知识的系统性，如为了满足学生的职业发展需求和自我发展意愿，对他们的教育可以不用只专注于专业的学科知识。在这种应用型人才培养的指导模式下，对学校的教学评价标准也应做出调整，不应再过于重视教学的学术水平，而是应转为重视受教育者对知识和能力发展是否满意，培养的人才是否满足社会的需求，是否有利于社会可持续发展的需要。

（一）应用型人才培养的目标

1. 人才培养目标与要求

作为高素质应用型创新创业人才，在知识、能力、素质三方面应具有的内涵是：具有一定的科学文化、通识教育基础和扎实的本专业理论功底；具有较强的自主学习与发展能力；具有必要的相邻专业知识与有较广的专业适应面；擅长专业知识、专业技术的应用，有综合运用所学理论知识发现和解决实际问题的能力；有一定的技术创新、集成创新和管理创新能力；有较强的创业意识与创业能力；具有敬业精神、实干精神、团结协作意识等良好的思想道德素质。

围绕上述内涵，应用型人才培养必须科学设计人才培养方案，切实完善知识、能力、素质结构的内容，并努力促进三者协调发展，以保证应用型人才的培养质量。

（1）优化以职业生涯可持续发展目标为导向的知识结构。合理的知识结构是形成应用型人才核心能力和综合素质的基础条件。由于应用型人才的培养面对的是行业企业的职业群，因此要以大学生将来的职业生涯可持续发展目标为导向，遵循知识结构的整体相关性、社会适应性和动态开放性的基本要求，掌握系统的学科知识和科学文化方面的通用知识以及创新创业方面的知识，使培养的人才成为适应社会需求的应用型人才。

（2）强化以专业实践能力为核心的能力结构。能力结构对应用型人才的岗位职责适应性和工作创造性都具有一定的决定作用。当下，劳动力市场对应用型人才的要求是，要具有较强的复合能力，因此必须要重视培养应用型人才的综合能力，尤其是要加强对专业实践能力的培养。从应用型人才的社会要求来看，应着重培养其专业知识、实践能力、职业技能和创新能力等，并根据人才培养目标和规格将其培养为综合能力较高的复合性应用型人才。

（3）内化以职业素质为核心的综合素质结构。对应用型人才职业素质的培养，主要是培养他们健全的人格，包括创新创业意识、团结合作意识、爱岗敬业精神和理性思维能力等。对于综合素质较高的应用型人才来说，不仅要具有丰富的知识储备、良好的专业素质和健康的心理素质，同时还要具有良好的社会适应能力和较高的思想道德素质，这样所培养出来的应用型人才才能发挥出更大的社会价值。

2. 人才培养的目标与特质

我国高等教育法对高层次的人才培养目标做了明确规定，即"应当使学生比较系统地掌握本学科、专业必备的基础理论、基本知识，掌握本专业必要的基本技能、方法和相关知识，具有实际工作和科学研究工作能力"。教育部《关于进一步加强高等学校教学工作的若干意见》进一步指出，今后高校教学工作的主要任务是"着眼于国家发展和人的全面发展需要，要坚持知识、能力、素质协调发展，深化教学改革，注重能力培养，着力提高大学生的学习能力、实践能力和创新能力，全面推进素质教育"。综合教育法的规定和教育部的要求，多数应用型高校确立的人才培养目标是高素质应用型创新创业人才，其主要特质是"广适应、擅应用、能创新、会创业"。

（二）应用型人才培养的特征

1. 专业性是应用型人才培养的本质特征

应用型高校是与社会经济发展相适应的高校类型。随着社会分工越来越专业、细致，高校发展要适应社会经济发展，由此产生了对应用型人才的需求，进而产生了以培养应用型人才为主要目标的应用型高校的创办和转型。

应用型人才培养必须体现专业性。专业指向行业或职业分工，直接反映和适应社会分工需求；专业是高等教育培养专门人才的基本教育单元和载体，而专业建设是以培养满足社会需求的专门人才为目标导向。应用型高校的专业设置要以行业需求和职业岗位为基础，重点分析行业背景和专业发展趋势。当前，应用型高校不仅要研究传统产业、行业应用型人才需求和专业发展趋势，还要重点研究信息技术、人工智能、大数据等领域对行业、职业岗位需求的发展趋势，重视新技术对传统产业、行业的改造和升级，并在这种改造、升级甚至创新的过程中衍生出许多新的产业、行业和职业岗位。应用型高校如果不能预见到这种趋势，提前预设专业和人才培养，就会导致新产业无人用、学校培养的人才不能用的局面。因此，应用型高校必须是社会分工和专业导向的，而不是学科导向的。

2. 实践性是应用型人才培养的过程特征

（1）实践性教学是培养应用型人才的根本路径。这里强调实践性教育并非否定理论教育，只是将两者结合起来，分清源与流的关系。在应用型高校人才培养过程中，理论教育始终是源，有源才有活水来，而实践性教育是流。通过实践性教学应达到两个目标：①验证理论成立的条件，并得出结论；②应用理论完成实践项目，使学生受到规范训练。同时，严格的职业岗位训练，能够解决实际工作中较为复杂的工程、技术问题。由此，实践性教学在应用型人才培养中占有重要地位，而应用型人才培养最为关键之处在于实践性教学的质量、水平的保障和提升，实践性教学质量则决定了应用型人才培养质量。专业应用性和实践性特征决定了应用型高校的办学目标应该定位于培养具有一定理论基础、较强实践能力、能够解决较复杂工作问题、具有较强沟通能力和合作能力的高素质应用型人才。

（2）应用型高校的专业建设定位要与社会经济发展相适应。教的内容要适应产业、行业、岗位要求，怎么教要体现实践性特征；在专业设置、专业建设、师资队伍、实训条件等方面要适应应用型人才培养要求，形成区别于研究型人才培养的专业特色。

（3）应用型人才培养服务定位于培养解决工程、管理一线问题的高级专业人才。这里对应用型人才培养服务面向进行了定位，即应用型人才不是在实验室、研究机构从事研究工作的，他们需要具备的是面对工程、管理一线解决问题的能力。也就是说，应用型人才重点要培养"怎么做"的能力，这种能力在教室、课堂是培养不出来的，必须通过大量的实验、实践、实训来奠定其职业基础。

（4）应用型人才培养促进学生就业。从受教育者的视角来看，学生高质量稳定就业是应用型人才培养的重要目标。如果要实现学生高质量稳定就业目标，就要在专业设置、人才培养过程及环节、师资队伍、条件保障、开放办学等方面形成应用型高校的独特优势，而只有这种过程优势体现出来才能保障学生的高水平稳定就业。

从企业用人角度看，"进得来，留得住，用得上，发展好"是企业的用人标准。因此，应用型人才要适应企业所在产业、行业发展需求，特别是关注企业在产业链、价值链上的定位，以行业为依托培养企业需要的人才，这样才能使学生"进得来"；应用型人才培养要坚持面向一线的定位，这种思想上的认知才能使学生在企业"留得住"；应用型人才要掌握专业技术与技能，这样在企业才能"用得上"；应用型人才还要有发展后劲，具备继续学习的条件，这样才能"发展好"。

（三）应用型人才培养的规格

应用型人才作为一种特殊类型（应用型）、特殊层次（高级应用型）的人才，在培养规格上和其他类别、层次的人才一样由知识、能力和素质三大基本要素构成。

1. 人才的知识、能力与素质

人们常说的知识，指的是人类对客观事物的认识和对客观规律的积累。人才应具备的知识储备主要有一般的科学文化知识、本专业知识和相邻学科专业知识等。人才提高自身能力和素质的基础就是知识的储备，如果一个人不具备丰富的知识，那么就很难在综合素质方面达到较高的水平。在高校对应用型人才的培养过程中，首先就要让学生掌握扎实的知识基础，这是提高能力和素质的前提条件。

人才的能力指的是在掌握一定知识的基础上，经过实践锻炼形成的能胜任某项工作或事务的主观条件。人才应当具备较高的综合能力水平，具体来说主要有获取知识的能力、运用知识的能力、解决实际问题的能力、创新创业能力和适应社会的能力等。人才所具有的知识与能力之间可以相互作用，丰富的知识积累有助于提高人才的能力，同时人才具备较强的能力又可以促使其获取更多的知识。

人的素质是指将从外部获得的知识和技能，通过个体的认识和实践，从而内化为自身修养的综合性品质。人才的知识、能力和素质三要素间的关系十分密切，其中基础是知识，核心是素质，关键是能力。高校在对应用型人才培养的过程中，必须要注重知识、能力和素质的统一培养，在学生身上实现三者的协调发展，满足人才市场对应用型人才的总体要求。

2. 应用型人才的结构及其关系

（1）知识结构。知识结构主要由科学文化知识、基础理论知识、专业知识和相邻学科专业知识四部分构成。其中，科学文化知识包括自然科学、人文科学以及社会科学等方面的基本知识，是知识结构的基础。基础理论知识是从事本专业所必需的知识，由数、理、化等公共基础课构成。专业知识是从事专业工作所应具备的知识，由专业基础课和专业课构成。对各种知识的掌握，不仅是应用型人才适应技术密集型岗位的需要，同时也是其实现自我提升并不断满足职位变动的需求。随着经济和科技的不断发展，各个学科知识间相互融合、渗透，使得很多跨学科职位应运而生。在这种情况下，学生就必须在掌握自身专业知识的同时，也对相邻学科知识有所认识和了解，这样才能满足社会对人才的需求。在应用型人才所具备的知识结构中，基础是科学文化知识，核心是基础理论知识，关键是专业知识，辅翼是相邻学科专业知识。在应用型人才的培养中，只有注重各类知识的相互渗透，夯实基础，强化核心，突出关键，丰满辅翼，才能切实培养出适应社会需要的高级应用型人才。

（2）能力结构。应用型人才的能力结构主要由生活适应能力、知识获取能力、专业技术能力、就业创业能力、自我发展能力和创造创新能力等构成。其中，生活适应能力指的是个人适应环境和处理日常生活问题的能力。知识获取能力指的是个人具备科学的思维方式和良好的学习方法，包括自主学习以及收集和处理信息的能力。专业技术能力指的是个人掌握本专业的基础技能和技术规范，并且可以综合利用所学的专业知识解决实际问题和进行技术分析的能力。就业创业能力是指在就业过程中具有较强的就业竞争力以及敢于创业、善于创业的能力。自我发展能力是指具有强烈的进取心和继续学习意识，能承受挫折和失败，在总结正反两方面经验的基础上不断完善自身的能力。创造创新能力是运用所学知识创造性解决技术难题，积极开展技术、管理、服务等方面的创新能力。

（3）素质结构。应用型人才的素质结构主要包括科学文化素质、思想道德素质、专业素质和身心素质等。其中，科学文化素质包括自然科学、人文科学以及社会科学等方面的知识与素养。思想道德素质包括正确的政治观念，坚定的理想信念，科学的世界观、人生观、价值观，高尚的道德情操及理性的思维方式等内容。专业素质包括对专业知识、专业技术等内容的掌握程度及应用能力。身心素质包括健康的体魄和良好的心理。在应用型人才的素质结构中，处于主导地位的是思想道德素质，这是因为人才只有具备良好的思想道德素质，才能在科学文化素质和专业素质方面得到更好的提升，才能始终保持良好的心理状态；而良好的思想道德素质是企业录用人才的关键，对科学文化素质、专业素质以及身心素质的发挥具有重要的推动作用。

（四）应用型人才培养的机制

1. 应用型人才培养机制改革

通过应用型人才培养机制的改革，实现从学科导向的"课程体系"向专业导向的"模块化课程体系"转变，从"知识输入"到"能力输出"转变。"按照人才培养模式多样化的改革设计，进行本科人才培养方案的制定、教学大纲修订、课程简介编印等，并付诸实施，能有效促进全校的教学改革。"①

2. 应用型人才培养机制创新

应用型人才的培养目标应以社会需要为出发点，以强化综合素质教育和培养应用型技术技能为重点，突出学生的实践能力、应用能力、就业能力与创新创业能力培养，坚持以学生为本，引入先进的教育理念，开阔学生的视野，启发学生将所学内容从课内向课外延伸，增加以社会发展与需要的教学内容；建立创新性的人才培养模式，将应用的内涵做到极致；注重培养学生的应用能力，强化实践应用平台的建设；制定完善的系统配套措施，达到学习的真正目的。

（1）引入 OBE 教育模式。"OBE"是 Outcome-based Education 的缩写，也称"成果导向""需求导向""能力导向"教育等，主要是以学生的学习结果为教学活动的驱动力，以学生的实际能力为评价的标准，以提升学生的技能为主要目的。OBE 教育模式以实际能力的培养为主，提升学生的学习有效性。在教学过程中，教师对学生的学习内容进行框架构建，以渐进式的方式对学生的学习成果进行评价，一方面可以推动高校应用转型，另一方面可以培养学生应用能力，整体促进高校的教学质量和教学水平提升。

（2）建立创新型人才培养模式。建立创新型人才培养模式是促进高校应用型人才培养

---

① 周洪波，周平. 高校应用型人才培养机制创新研究 ［J］. 高教学刊，2017（19）：19.

的重要手段，而人才的培养应该以社会人才结构和社会需求为前提，分层次进行培养。对于应用型人才的培养而言，核心是培养和提升学生的能力。因此，在培养计划制订的过程中，课程安排上应该做到合理高效，充分地体现应用的特点，使学生做到学以致用。对于学生课程的安排，选择做到以培养应用型的人才为目的，不以课程学科的严密性和系统性为目的，应选择实际的、有应用价值的课程来学习。高校也应该尽量开设与应用能力相关的知识课程，提高教学质量，从而保证培养的质量；而与应用能力关系不大的课程可以减少甚至是不开，多开设一些实践性的课程，促进理论与实践的相互结合。通过分层次、划重点、有针对性地制定创新型的人才培养模式，可将人才培养质量推进一个新的层次。

（3）配备完善的系统配套措施。完善、创新的机制应该配以系统性的配套措施，以适应高校人才培养的需求。因此，以协调发展为人才培养模式制定的主要目标，将高校的志愿录取率、协议就业率和专业评估指标优秀率作为衡量学校教育质量和学校应用型人才培养效果的主要评估标准，建立专业预警与退出机制，增强学校的硬实力。另外，高校应该加大优化力度，发挥地方特色的效用，加强学科建设，尤其是学校的品牌专业建设，以引领高校走入更高层次。我国所需的应用型人才众多，不同领域、不同专业的人才需求量都很大，高校在人才培养机制的建设中除重点建设品牌专业，还应该结合社会实际需求将其他专业的建设质量也提升上去。在此基础上，高校也可建立合作交流平台，与其他高校互相交流经验，总结问题，提出建议，整合学校的教育资源，以培养高素质应用型人才为最终目标，制定完善的系统配套措施，系统性提升人才培养机制的质量，使该机制发挥最大的价值。

（五）应用型人才培养的途径

应用型高校要根据应用型人才培养的要求，有效实现既定的人才培养目标，应着力推进以下方面的工作。

第一，设置面向行业产业发展的应用型学科、专业。设置符合地方经济发展方向、布局合理、适应行业与产业发展需要的应用型学科、专业，是实现应用型人才培养目标的重要前提。因此，应用型高校必须紧紧围绕应用型人才培养目标来设计学科、专业建设。

第二，精心构建彰显应用型特色的课程体系。课程体系是人才培养模式中的关键，是学生知识、能力、素质形成的有效载体。因此，建构科学的课程体系，是应用型人才培养必须解决的关键问题。

第三，着力构建突出能力培养的实践教学体系。应用型人才培养的教学特点是建立以培养能力为本位的教学体系，教学目标是使学生毕业后胜任生产一线实际工作。

第四，高度重视提升应用型人才的综合素质。应用型人才是一种素质高、能力强、知识广的人才，因而其培养不仅要重视学生的知识和能力建设，还要高度关注素质提升。何谓素质？简而言之，素质就是一个人把从外在获得的知识、技能内化为自身稳定的品质与素养的程度，从本质上讲主要是思想品质和精神素养。作为高素质的应用型人才，其素质的高不仅表现为程度高，还应表现出结构内涵的综合性，即一种综合性的高素质。此外，为了切实提高应用型人才的培养质量，必须统筹考虑构成应用型高校人才培养目标体系的三大要素——知识、能力、素质的关系，在人才培养方案中高度重视素质培养内容的落实，多渠道拓展学生的素质培养，有效促进知识、能力、素质的协调发展，切实提升应用型人才的综合素质，特别是要突出思想道德素质培养。

第五，建立校企密切合作的人才培养机制。工作岗位和就业市场越来越重视人才的应用能力和工作经验，这就要求学生在校期间进行现场工作的模拟训练和积累实践工作的经验。为解决这些问题，建立健全校企合作人才培养机制是应用型人才培养的重要举措和根本途径，这一举措能密切高校和产业界的联系，使应用型人才培养主动适应经济社会发展的新要求。目前，成功的高素质应用型人才培养无不以密切的校企合作形式来实现。例如，美国的四年制工程教育，以"工学交替式"的途径培养应用型人才，即大学生在校学习和到企业实践实训交替进行；英国也运用"工学交替式"模式培养应用型人才，通常采用"2+1+1"（四年制，即前两年在学校学习，第三年到企业工作，第四年再回到学校学习、考试，取得毕业证书）和"1+3+1"（五年制，即第一、五年任企业工作，第二、三、四年在校学习）两种学制；德国应用型人才培养实行的也是"工学交替式"模式，四年制八个学期，一般有两个学期在企业学习和实践。这种"工学交替式"模式能够有效实现大学生面向产业的学习、面向职业资格证书的学习、面向情境的学习、面向工作的学习、面向研究项目的学习以及面向生产任务的学习，促进高素质应用型人才的培养。

第六，努力打造有丰富实践经验的教师队伍。教师是教育活动的一项重要主体，因此在高校培养应用型人才的过程中必须注重对师资队伍的建设，这是塑造应用型人才的关键。所以，在高校开展应用型教育的过程中，必须要保证具备专业教育资格的教师要达到一定比例。获得这些优秀教师资源的途径主要有两种：第一，加强对在职教师的继续教育，不仅要在教师实践中提高他们的专业教学技能，同时还要为其提供参加应用性课题研究的机会，增加教师的教学经验。第二，可以聘用一部分兼职教师，然后根据他们的实际教学效果不断对其进行调整。当下，现代科学知识发展日新月异，高校内的专职教师在专业知识和技术方面难免跟不上时代的要求，因此需要高校从外部聘请一些专业技术很强的兼职教师，以保证学生可以掌握最新的知识和技术。

二、应用型人才培养的体系构建

（一）应用型人才培养体系的总体设计

1. 人才培养体系的总体设计原则

（1）本科教育原则。这里只讨论本科阶段的应用型人才培养，没有涉及研究生阶段和专科、职业教育的人才培养，因此在进行总体设计和子体系设计时只针对本科学生的教学环节、过程进行设计。

（2）国家政策导向原则。人才培养是高校的本质职能，本科教育是大学教育的根和本，是高等教育中具有战略地位的教育和纲举目张的教育。大学教育要推进"四个回归"，就要把人才培养的质量和效果作为检验一切工作的根本标准。"四个回归"分别是：一是回归常识，对大学生合理"增负"，提升大学生的学业挑战度，真正把内涵建设、质量提升体现在每一位学生的学习成果上；二是回归本分，引导教师热爱教学、倾心教学、研究教学，潜心教书育人；三是回归初心，坚持正确政治方向，促进专业知识教育与思想政治教育相结合，用知识体系教、价值体系育、创新体系做，倾心培养建设者和接班人；四是回归梦想，推动办学理念创新、组织创新、管理创新和制度创新，倾力实现教育报国、教育强国梦。

（3）评估原则。应用型人才体系设计要符合三级质量标准认证，即基本质量标准认证、国家质量标准认证和国际质量标准认证评估要求。高等学校按照国家要求必须参加三级专业认证评估，构建与评估认证相适应的质量标准体系，这也是设计高等学校质量保障体系的基本要求。

2. 人才培养体系的总体设计思路

（1）体现"以学生为中心"。在应用型人才培养体系设计过程中，坚持"以学生为中心"的个性化人才培养要求。根据建构主义学习理论，以学生为中心的教学方法，目的是帮助学生进一步深化知识观念。为改变已有观念，学生需要自己建构他们的知识结构，为此学生必须积极参与课堂教学。通常使用的传授范式的教学称为"三中心"，即"以教材为中心，教师为中心，教室为中心"模式，这种教学模式历史悠久，影响力大，但并非唯一。"以学生为中心"，即以学生发展为中心，以学生学习为中心，以学习效果为中心，以学生为中心的教学体系设计要以实现学生的发展为目标，通过优化课程结构和教学组织促进学习效果的提升。

（2）遵循 OBE 理念。坚持用体现学习结果导向的 OBE 理论进行人才培养体系设计，这是落实"以学生为中心"的重要体现。学生到高等学校学习是通过课程学习来认识学习目标和完成学习任务，应构建基于结果的人才培养体系，依据学生成长与发展导向以及利益相关者需求反向重构课程体系并确定教学内容，即"反向设计，正向实施"。

（3）坚持持续质量改进原则。在教学质量管理中，持续质量改进（CQI，Continuous Quality Improvement）是指教师参与质量改进计划设计，并进行持续改进的具有一定结构的组织过程，用以提供符合学生期望的教学。CQI 是在全面质量管理基础上发展起来的注重过程管理、环节质量控制的一种新的质量管理理论，是教学质量管理的重要内容。CQI 的实施步骤为：确定程序—组织 CQI 工作组—建立有效工作团队—了解程序运行情况—明确程序变化原因—确定提高质量的机制。

（二）应用型人才培养的实践教学体系

实践教学是培养学生认知能力、解决问题能力、操作能力、创新能力的教学环节，是培养学生"知行合一"和知识转化能力的重要环节。实践教学体系是围绕人才培养目标，运用系统的理论和方法对组成实践教学的各个要素进行整体设计，通过合理的实践课程和环节的设置建立与理论教学体系相辅相成的结构与功能优化的教学体系。

实践教学目标是实践教学体系的重要因素，是实践教学应达到的标准，是实践教学体系的核心。实践教学目标决定着实践教学内容、实践教学管理和实践教学的结构和功能，并在一定程度上决定着其他体系的有效运行，同时又依赖于其他体系的发挥和产生的整体效应。对于应用型高校而言，实践教学目标体系的内涵就是要根据人才培养定位与培养目标的要求紧紧围绕能力培养和职业素养养成这条主线，设计学生的知识、能力、素质结构，创新实践教学内容体系和实践教学评价体系。

1. 实践教学目标

实践教学目标是由整个人才培养目标决定的，为人才培养目标的实现提供支撑。对于应用型高校而言，实践教学目标是实现整个应用型人才培养目标的重要组成部分，是体现应用型人才培养特色的重要环节。

（1）实践教学目标的设计原则

第一，"知行合一"原则。"知行合一"指认识事物的道理与在现实中运用此道理是密不可分的。其中，知与行的合一，既不是以知来代替行，认为知便是行，也不是以行来代替知，认为行便是知。"知行合一"是中国古代哲学中认识论和实践论的命题，不仅要认识（"知"），尤其应当实践（"行"），只有把"知"和"行"统一起来，才能称得上

"善"。在实践教学中，体现"知行合一"的精神与原则，要认识到从理论上、道理上明白的"知"并不是真知，更达不到"良知"的程度，还要通过实践才能达到真知的程度和良知的境界。实践就是"行"的过程，是将科学的理论付诸实践的过程，是对科学理论的检验与创新过程。应用型人才培养更要着力培养"行"的观念与能力，不能想当然地认为理论上了解了、学习了就自然能够实践了，这中间还存在较大的差距。

对于学校、教师、学生而言，要树立强大的实践观。对于实践之见，在一些教师、学生中存在认识上的偏差，认为强调实践教学会降低人才培养的规格、层次、质量，这种认识是极为片面的。实际上，应用型人才培养缺乏实践的支撑就没有特色、没有生命力、没有个性，只要坚定一种信念发展，应用型人才和应用型大学就一样是高质量、高水平的人才和大学。从实践教学而言，重视实践教学不仅不会降低质量与水平，还对教学提出了更高的要求，并促进理论教学质量的提升。

第二，"理实一体"原则。实践教学体系要与理论教学体系相互融合，同步设计，同步实施，同步评价，与理论教学体系共同达成人才培养目标。这就要求理顺理论类课程与实践类课程之间的关系，不能重理论、轻实践，把实践课程作为理论课程的补充，而是应该根据人才培养的能力、目标、要求科学合理地设计理论与实践课程的时间顺序和空间环境。

第三，应用创新原则。应用型人才培养的目标不仅是简单地应用原理、工具，更强调在复杂工作项目中创造性地应用原理、工具。这种"创造性"具体体现在四个方面：①新的工作任务使得原来的部分原理、工具的应用条件变化了，不能简单套用了，就需要对原理、工具本身进行再研究、再开发才能应用到新的工作任务中；②新技术的出现替代了老技术，在工作中需要应用新技术，而新技术的原理是学生没有学过的，就需要再学习；③新的问题不能靠单一的原理、工具解决，而是需要集成性原理、工具才能解决；④复杂的问题需要跨学科专业的原理、工具才能解决，就需要跨学科专业的学习能力。根据这几种情况，在实践教学过程中要进行针对性训练，使学生加深对应用创新的理解。

第四，综合训练原则。综合性实践教学项目不仅是理论上的综合，还要体现科学与人文的综合、历史与未来的综合、国内与国际的综合、应然与实然的综合。无论是理工科还是文科毕业生，在面对复杂问题的时候不是依靠某一种能力的训练就能解决，而是需要体现综合素养与能力，这种能力只能在具体的工程或项目实践中训练。一项工程设计或一个产品研发都不可能只考虑技术的先进性、可行性，还要考虑市场性、客户性、经济性、可持续性等非技术因素，这些非技术性因素通常决定了工程、产品、项目的前途和命运。所以，学会综合地掌握平衡，才能实现整体最优。

（2）实践教学目标的构建原则

第一，系统性原则。实践教学目标构建应重视系统性原则，不再片面强调知识自身的逻辑性，而是与学生的认知过程、认知结构相联系。在关注理论教学系统性的同时，不应忽略实践教学系统性。事实上，实践教学同样是一个系统工程，是一个由实践教学目标、实践教学内容、实践教学管理、实践教学条件、实践教学评价等因素综合构成的体系。应用型人才培养的实践教学目标应该体现"知识融合、工程实践、应用创新"的目标要求，通过具体分解目标的设计来促进"知行合一、理实一体"的总体目标的实现。

第二，渐进性原则。实践教学目标要体现从初级到中级再到高级，从个别到综合，从感性到理性，从现在到未来的渐进式要求，这也是认识逻辑和教学逻辑的客观要求。换言之，实践教学目标体系建构需要考虑理论知识的构建过程，学生的认知发展过程，以及不同的教学阶段，包括不同教学阶段内容的深度、广度等方面，使整个专业实践教学目标形成一个从未知到已知、从简单到复杂、由表及里的循序渐进、不断深化的体系。

第三，可行性原则。实践教学目标体系的构建需要具备可行性，要使实践教学目标能够落实到实践教学活动过程中完成实践教学内容，要从学生认识事物表象和探索事物发展变化规律的过程出发综合考虑资源、平台的可行性。因此，应用型本科院校实践教学目标体系构建需要在客观条件、对象条件的基础上考虑实践教学实施的可行性。

（3）实践教学目标的构建分类

第一，总体目标。应用型人才培养实践教学的总体目标是从整个人才培养目标出发，构建包括通识基础能力、职业基本素养、岗位就业能力和职业发展能力在内的多层次实践教学目标体系，最终实现"知行合一、理实一体"的总体目标。根据人才培养目标的要求，对"知识融合、工程实践、应用创新"所要求的能力素质进行分析，针对这些素质能力要求提出相应的实践教学能力目标体系，将整体目标分解成基本素质、专业基本技能、专业技术技能、专业综合技能等子目标，构建时间上前后贯通、空间上相互支撑、内容上全面系统、环节上相互衔接、层次上逐步提升的实践教学目标体系。

第二，能力目标。从能力培养看，实践教学目标可以分为基础能力、综合能力、创新能力三个层次。基础能力的培养主要是指通过实践教学活动，促进学生将教材中的理论基础知识运用到实践中，培养学生基本的动手操作能力，明确实践操作基本过程等。基础能力培养在大学一、二年级开展，主要通过实验、实训等方式，由浅入深、由易到难逐步锻炼学生的实践操作能力。综合能力主要指整合学科专业知识，解决一般工程或综合项目的问题，达到一般的综合项目实践目的的能力。学生需要通过合作性学习与实践来完成综合性项目，这能促使学生在学习过程中学会有效学习、互相合作与交流。综合能力主要在大学三、四年级进行提升，通过生产实践、学科竞赛、社会调查等方式组织开展。创新能力的培养是指通过实践教学使学生自主学习教师未讲授却需要应用的知识或技能，完成复杂工程或项目，解决复杂工程或项目中的问题，培育学生的批判、反思和创新精神，培养学生掌握新方法解决新老问题的能力。

第三，层次目标。实践教学的层次目标可以分为初级、中级、高级三个层次，其中初级层次主要反映学生的基本技能与能力的需求和训练，中级层次主要反映学生应用知识、转化知识的能力培养与训练，高级层次主要反映学生综合知识和创新知识的能力培养与训练。

2. 实践教学内容

实践教学内容是实践教学目标任务的具体化，将实践教学环节（实验、实习、实训、社会实践等）进行合理配置，以基础能力、综合能力和创新能力培养为主体，按初级、中级、高级三个层次循序渐进地安排实践教学内容，将实践教学的目标和任务具体落实到各个实践教学环节中，让学生在实践教学中掌握必备的、完整的、系统的方法和技能。

（1）理论教学以应用为目的。理论教学要以应用为目的，以必需、够用为度，以讲清概念、原理为基础，以强化应用为教学重点，改变过分依附理论教学和片面追求理论深度、难度、广度的状况，建立相对独立的实践教学体系。

（2）建立校企联合教学机制。在应用型人才培养过程中，尤其要注重与企业合作建设实践教学基地，充分利用企业的技术、场地、设备、市场等资源培养应用型人才。其中，关键是与企业建立深度、实质性合作的长效机制，形成命运共同体、利益共同体，得到企业真正的支持与帮助，这一点尤为困难且也尤为重要。校企合作是应用型人才培养类型特征的根本要求，离开了企业参与的应用型人才就失去了特色和动力。从现实而言，虽然从办学形式看还是学校本位制，但企业要素在应用型人才培养过程中体现得更加显著。由于学校本位制的办学形式决定学校内部的组织架构是按学科建制办学，而不是按专业群、产业链结构设置院系，这就要求学校主动对接企业，使学校的人才培养与企业的人才需求形成匹配。高校开展应用型人才培养，不能把与企业合作视为可有可无，而应视其为重要的战略。

（3）构建三学期制实践教学。为完成实践教学内容，现在的部分两学期制的教学安排存在时间不够的问题。两学期制教学时间基本在 42 周（含两个考试周），但随着实践教学要求的提高，在两学期制内完成上述全部实践教学内容难度很大，因此有必要拓展实践教学的时间。为了提高实践教学的质量和效果，可以在大一、大二、大三的暑期设置小学期，从而实现三学期制的教学模式改革。从企业需求看，企业还是欢迎学生到企业实习的，但面临的一个现实困境是企业生产是连续性的、周期性的，通常两周的实习很难满足企业需求，对学生而言也达不到实际岗位的工作训练要求；而在大三暑期安排更长时间的企业实训，可以更好地契合企业需求，也能更好达到实践教学的效果。

（4）推行实践教学"三学分制"。高校开展应用型人才培养可以推行"三学分"（理论课学分、实践课学分、创新创业学分）制，对每一类学分提出最低要求，而且各类学分间互换有具体要求。总体上，实践课学分可以用来置换专业理论选修课学分，但不能用理论课学分置换实践课学分，以增强学生对实践教学的重视。

3. 实践教学管理

（1）组织管理体系。学校要构建由上至下、统分结合的实践教学管理服务体系，学校、二级学院、系（专业）要有专人负责实践教学管理工作，并配齐必备的管理人员。其中，学校负责建立体系、颁布制度，并将其投入建设、组织考评等工作之中；二级学院负责制度落实、师资建设、设备维护、学生管理等工作；系（专业）负责课程安排、大纲制定、教材选用、教学实施、学生评价等工作。因此，职责清晰、权责明确的组织管理是促使实践教学顺利实施的重要保障。

从职能部门的分工与协作看，学校教务处负责总体规划与年度计划，以及相应的管理办法和措施的制定；二级学院教学管理部门负责规划、计划、管理制度的实施与落实工作；资产管理部门负责实践教学资产设备的采购、维护、保管等；后勤管理部门负责实验场所的卫生、安全管理工作。同时，与实践教学相关的各职能部门要把服务实践教学作为重要工作内容。实践教学不同于理论教学，涉及的人员、资产、设备、安全、后勤等方面的工作更多、更细、更杂，并且特殊情况更多。因此，组建好管理体系、明确职能与分工具有重要的意义。

（2）运行管理体系。各专业要制订独立、完整的实践教学计划，并根据实践教学计划和人才培养方案编制实践课程标准，编写实践教学指导书，规范实践教学考核办法，保证实践教学质量，并根据行业的实际任务与企业的实际需求安排毕业设计（论文）等环节。对实践性教学环节应做到"六个落实"，即计划落实、大纲落实、指导教师落实、经费落实、场所落实和考核落实；抓好"四个环节"，即工作准备环节、初期安排落实环节、中期检查环节和结束阶段的成绩评定及工作总结环节。

4. 实践教学评价

（1）建立完善的学生评价制度。校内实践教学和校外实践教学都要加强指导和管理，每次实训都要有实训报告或成果，由专业指导教师评定成绩并做好记录，按实践教学学时占总学时的比例记入课程成绩。其中，集中实训成绩按优秀、良好、中、及格、不及格五个等次单独记入档案。根据教学大纲要求，对学生参加实验、实习的各个实践教学环节的效果制定评价标准，加强学生综合实验能力的考评，制订综合实验能力考评方案，确定考评内容与方法，提出考评成绩的学分比重，通过笔试、口试、操作性测试及实验论文撰写等多种形式考评学生的综合实验能力。对于实习考核，可通过实习报告、现场操作、理论考试、设计和答辩等形式进行，由校内实验实训室和校外实践基地联合考核，不仅考核学生的素质和能力水平，而且考核学生的工作实绩。

（2）建立完善的教师评价制度。根据培养目标的要求，制定出实践教学各个环节的具体明确的质量标准，通过文件的形式使之制度化且严格、规范执行，再结合同行评价结果、学生评教结果在学年末给每位教师写出评语，并纳入人事考核。同时，建立专项奖励基金，用于奖励在实践教学工作中做出突出贡献的教师和实践教学技术、管理人员；建立实践教学督导体系，由实践教学督导员进行实践教学全过程检查，不仅要检查实践教学的完成情况，而且要重点检查实践教学的质量。

（三）应用型人才培养的质量保障体系

培养高质量的应用型人才离不开质量保障体系的建设，建设质量保障体系要认同质量在高等教育特别是本科教育中所处的地位与作用。在建设高校内部质量保障体系时，应该注重系统性和完整性。质量保障体系本身就包含对系统性和完整性的要求，要求将系统论、信息论、控制论、协同论等多学科的理念、技术、方法综合运用于高等教育质量管理，进而构建高等教育质量保障体系。因此，高等教育质量是结构化的系统，要分析高等教育质量的影响因素，构建可观测、可分析、可统计、可量化、可操作和可控制的管理系统。

1. 应用型人才培养的质量文化建设

应用型高校以本科教育为主，而本科教育是高等教育的基础和根本，专业是人才培养的基本单元和基础平台。从全面质量管理看，建立高等教育质量保障体系离不开全员、全过程、以学生为中心的质量文化建设，而高校质量文化是整个大学文化的组成部分。现在，高等学校在传统的三大职能基础上更强调与突出文化传承的职能，而人才培养、科学研究与社会服务三大职能也为文化传承与创新提供载体。

由于对高校质量文化缺乏足够的重视和认识，很多应用型本科院校的人才培养还是定位于"制器"而非"育人"，没有把"制器"与"育人"统一起来。在具体建设中，高校仅把质量文化建设看成评估中的一个条件，缺乏全体师生的共同参与，或者参与了也只是不明所以地参与，不能理解高校质量文化的内涵与价值所在。高校质量文化的理念并没有较好地被普及和认同，自上而下重视程度不高，从而使得高校质量文化建设被边缘化。在这种情况下，应该凸显高校质量文化建设的重要性。创建高校质量文化的路径主要表现在以下方面。

（1）发挥大学理念的强大引领作用。理念就是人们形成、信奉或遵从的一种系统化的思想或观点。大学理念就是人们对大学的本质及其办学规律进行认识并形成的一种哲学思考体系。大学是知识的共同体、学术的共同体、思想的共同体，也是文化的共同体和道德的共同体。大学是培养人的地方，教育是培养人的活动，而高校教和学的主体都是人。这样的人要引领社会科技等方面的改革与创新，首先要有理想与信念，要培养有信仰的学生。因此，大学首先要有理念和信仰，没有理念和信仰的大学是培养不出有理念和信仰的学生的。高校质量文化首先反映在这所大学的理念追求中，反映在师生对这种理念追求的执着中，反映在这种理念追求融入办学实践的过程中。大学理念是不能简单复制和模仿的，它是大学独特的信仰和追求，体现大学独特的精神和气质，反映大学独特的文化。因此，创建高校质量文化首先要创建有个性特色、有凝聚力、有思想内涵的大学理念，毕竟文化决定了大学的深度，理念决定了大学的高度。有一种观点认为大学理念就是校训，但并不是有了校训就有了大学理念。例如，部分高校模仿其他高校的校训，但模仿不了其理念的内核，使校训成为挂在墙上、贴在门上的口号，这样的校训没有起到引领大学精神和创建大学文化的作用，也没有成为大学理念的化身。

（2）建立健全质量制度。建立质量制度要体现大学理念，目标是把大学理念转化为可执行、可操作、可评价的行为准则和规范，这种行为准则和规范能对保障教育教学质量起到基础性作用。作为高校质量文化建设的重要内容，质量制度建设包括各项工作制度、责任制度、管理制度、评估制度、教学运行制度、培训制度等，使高校的核心价值观、教育理念与质量目标得到落实。各种质量制度必须建立在对工作流程科学分析、对岗位职责清晰界定、对工作内容明确划分、对在岗人员充分培训的基础上，否则质量制度很难落实。在制度设计过程中，不仅要对质量文化建设工作涉及的各个环节、各个阶段加以规范化，还要对质量制度的子系统内容进行具体化。

在注重"硬制度"建设的同时，还要关注"软制度"建设。"软制度"指制度的执行力。目前，制度化的管理已开始形成共识，但是"人事"的作用依然强大；离开"人事"来看制度，制度只是枯燥的条文，同时制度是随人事的变化而变化的。"硬制度"是成文成册的，"软制度"是刻印在人心中的，同时"硬制度"依靠"软制度"来落实。

（3）建立质量标准体系。质量标准是保证质量制度实施的前提与基础，是质量文化的具体体现，而抽象的质量文化必然通过具体的标准、可行的制度和具备执行力的人共同实现。高校要以国家、国际教育质量规范和标准为指引，结合国情、校情制定本校人才培养各个环节的质量标准，通过标准制定反映理念要求并实现质量文化的创建与改进。

（4）建立质量文化教育培训机制。高校要让师生认同质量文化，首先要对师生进行质量文化的教育和培训，形成培训机制，并纳入师生教育培训内容。同时，高校要将质量文化教育与学生的思想政治教育相结合，将质量文化教育与教师新时代师德师风教育相结合，形成相互衔接、相互支持的质量文化教育内容。

2. 应用型人才培养的质量保障建设

应用型高校的教学质量保障体系设计除质量文化建设外，还包括教学运行机制建设、教学质量标准建设、教学质量监控建设和质量信息平台建设。

（1）建设教学运行机制。教学运行机制建设主要是为了保障正常教学秩序和规范教学活动。各高校根据本校的学科专业要求建立一套运行有序、规范有据、稳定高效的教学运行管理制度和办法，这些办法的制定、颁布、修订、实施、评价都建立在符合学校人才培养目标要求和质量标准的基础上，广泛听取教师和其他教学相关人员的意见和建议来进行。

第一，教学管理组织建设。教学管理组织建设是整个高校质量保障体系建设的龙头，是切实保障整个教学管理工作有序开展的基础。教学管理组织建设包括决策层、执行层和操作层，每一个层级承担的职责和任务不同。高校教学管理组织建设要高度重视各类专家委员会的建设和作用，特别是学术委员会、学位评定委员会和专业教学指导委员会，同时还要充分发挥专家治校、教授治学的作用。从本质上而言，高校是一个学术共同体，在这个共同体必须谨慎地保护学术自由，正确处理学术权利与行政权利的关系。高校的科层式部分行政权利通过一定的制度设计让渡给学术权利，比如学术评价、职称评定、项目评审等，以此保障学术权利在高校教学管理活动中的地位。

第二，教学质量保障运行机制建设。教学运行机制有了教学质量保障的组织机构、规章制度后还需要有教学质量保障运行机制，这个机制使整个教学质量保障体系运转起来并发挥其功能与作用。教学质量保障体系的运行是通过专业建设、课程建设、实践教学管理、教学研究与改革、教风学风建设、激励奖惩机制和政策与制度体系等来落实教学质量管理目标，并通过各项具体工作的实施结果和成效来检验教学质量。

教学质量保障体系在运行过程中主要实现信息收集和信息反馈两大功能，并通过两大功能的实施经由多种信息渠道来完成教学质量的监控和督导，达到强化教学管理、改进教学工作之目的。

（2）教学质量标准建设。本科教学质量标准是实施教学质量管理的基础性文件，是关于本科教学活动和本科教学质量的明确规定，也是实施教学质量评价的主要依据。在教学运行机制中，必须制定比较完整、详细、科学、规范、可行的本科教学质量标准，以在日常教学活动中准确、及时把握每一个教学环节的教学质量状态，做出科学的分析和评价，实现本科教学质量持续改进。同时，在国家本科专业类教学质量标准基础上制定人才培养方案质量标准、专业设置标准、课堂教学质量标准、实验教学质量标准、专业实习质量标准、毕业设计（论文）质量标准等。

（3）教学质量监控建设。构建与实施教学质量监控评价体系，是保障人才培养基础性工作的必要条件。教学质量监控评价体系的构建与实施，是学校整个质量保障体系的重要组成部分，可以从功能和结构上对教师教学活动进行全过程、全方位、全要素的评价和反馈，以促进教师增加教学投入，重视提高教学质量，不断提高教学能力和水平。教学质量监控评价既为教师施加了压力，也注入了动力和活力，并以此调动教师教学的积极性和主动性。同时，对教学诸环节进行多层次、多角度、全过程的质量监控和评价，可以准确诊断教学真实状况，及时发现影响教学质量提高的要素及其原因，从而对症下药地改进教学工作，提高教学质量。

教学管理大到理念、目标和小到制度、实施，需要在每个与教学有关的工作环节上建立起有效的质量监控和评估机制，其目的不仅是反映教师教学质量，更重要的是反映整个学校教学管理活动的状态及存在的问题，为持续改进教学管理提供依据。从专业设置到课程建设再到考试考查，教学活动中的每个环节以及对每个环节的监控，包括后续的评价、反馈直至改进，从而形成一个封闭式的系统。其中，监控与评价是重要的环节。

（4）质量信息平台建设。质量信息平台建设要与整个质量保障体系建设相结合，形成对质量保障体系的有力支撑；要依据质量保障体系设计信息平台的数据来源，整合学生数据、教师数据、教学数据等，形成集中开放、统一模式的信息管理中心。当前，高校内部使用的信息平台很多，甚至每项工作一个信息平台，这样既不方便数据资源共享，又造成比较严重的信息孤岛现象。因此，要打破部门壁垒，创建统一的质量信息平台保障数据质量，提高平台使用的效能。

第二节　校企合作应用型人才培养模式

一、校企合作的高技能应用型人才培养

（一）高技能应用型人才的职业特征

每一种职业都有一定的特征，个体能力特征和群体职业特征就是高技能人才特征的两

个方面。其中，个体能力特征体现出群体职业特征，但群体职业特征又包含个体能力特征。高技能应用型人才的群体职业特征的主要表现有以下方面。

第一，类型的多样性和发展的动态性。类型的多样性是指高技能人才类型既包括技术技能型人才，也包括知识技能型人才和复合技能型人才。技术技能型人才是指各行各业中掌握基本操作技能的人才，他们不仅拥有丰富的技能操作经验，而且掌握科学的技术方法，是某项技能的专门技术人才。知识技能型人才是指掌握专业理论知识和高新技术知识的技能型人才，这类人才不仅具有较强的技术操作能力，而且掌握了现代科技的理论、方法，是以智力技能为基础的从事实践操作的高技能人群。复合技能型人才是指掌握交叉知识和多种不同技能的人才。此外，科学技术的不断进步和产业结构的不断升级，对高技能人才也提出了不同的要求，同时不同的时代对高技能人才的技能要求也不同。因此，高技能应用型人才的职业特征随着时代的发展呈现动态性特征。

第二，较强的适应性及高超的技艺性。高技能应用型人才必须拥有较强的职业能力和岗位迁移能力，才能适应市场竞争。他们在生产活动中，可以迅速地完成常规性的工作，也可以胜任比较复杂的工作，能够把先进的技术快速地运用到生产实践中，能在工作中及时发现问题，准确排除问题。此外，高技能应用型人才的职业特征也表现在技艺的超群上。

第三，成长的渐进性和岗位的针对性。高技能应用型人才的成长是一个漫长的过程，需要知识的储备、技能的熟练、经验的丰富和创造力的提升，而这些技能提升和优势积累的渐进性决定了高技能应用型人才是在职业院校和企业共同培养的过程中渐进成长起来的。岗位成才是对成长渐进性的最好诠释。高技能应用型人才的成长是在某技能岗位上通过日积月累的实践操作、处理问题使技能不断提升，优势不断积累，所以高技能应用型人才成长的渐进性表现在经历新手—熟手—巧手—能手—高手的提升过程。由此，高技能应用型人才的培养必须注重在岗位上锻炼人才，同时岗位成才也是对岗位的针对性最好的诠释。职业院校或企业组织培养高技能应用型人才是针对某一职业和岗位的具体要求而展开的，这就要求职业院校会根据行业标准设定专业和课程，同时技能人才也是朝着某个岗位的要求和目标而培养的。因此，职业院校的学生具有较强的专业性和从业性，这也是职业院校学生区别于普通高校学生的主要特征。高技能应用型人才要在重复训练中运用和检验理论知识，要在现场操作中提高和精湛技艺，要在岗位实践中揣摩和摸索，逐渐积累经验提升水平。

第四，素质的全面性和突出的创造性。现代高技能是由动作能力、智力能力和素质能力组成的综合能力，不仅要适应市场经济发展对岗位要求的变化，而且要符合科技进步、产业升级对职业标准的创新性要求。因此，高技能人才是"手脑并用"的知识技能型人才。在政府的引导下，职业院校、企业合力培养的高技能人才是具备科学技术理论知识和较高的工作操作能力的人才，通过学校教育和企业培训把知识运用于实践，并且解决工作中的任务和难题。高技能人才不仅具备以上知识技能和动作技能，还具备相应的职业道德操守、文化涵养和审美情趣等素质能力。因此，高技能人才需要具有全面的素质。此外，高技能人才还具备突出的创造性。这一点主要表现在相关技能领域的技术创新能力上，如技术的改良、改进，技艺的精湛、发展和专利的发明、创造。高技能的"高"体现在知识含量高和技术含量高，这是高技能人才区别于其他人才的特征。高技能人才能依据现有的知识储备、操作技能、工作经验和技术创造能力，有效地解决安全生产的技术问题，研究、处理和解决异常事故或故障。因此，高技能人才在技术创新、设备改造、技术引进和技术改造方面能表现出更高层次的创造力和创新性。

（二）校企合作下的高技能应用型人才培养方法

传统学校教育培养的学生在专业知识上占有很大优势，但在市场化的社会条件下，能在较短时间内适应生产工作是每一家企业最迫切需要的。因此，一种新的培养技能型人才的方式便应运而生——校企合作培养。

校企合作培养高技能人才，首先要成立协调指导委员会。成立协调指导委员会的主要目的是研究制定本地区学校和企业合作培养高技能人才发展的规划，指导、协调学校与企业发挥各方优势，合作培养经济发展需要的高技能人才。贯彻这些政策主要有以下三种模式：订单式、集中培训式和定向培养式。

1. 订单式

订单式培养高技能人才模式是近几年才出现并发展迅速的一种校企合作培养模式。企业需要大量技能型人才，期望可以得到符合自身需求的人才，因而与学校合作培养；而学校制订一整套教学计划，使所培养的学生满足企业要求，于是就产生了"订单教育"。具体而言，订单式培养高技能人才模式主要包含以下内容。

（1）学校与企业签订订单协议书。在实行订单式培养之前，需要学生、学校、企业三方签订一份校企合作订单培养三方协议书，以确保订单式培养的实施，即企业确保学生在学校期间学习了符合企业需求的知识，学校也确保了学生毕业后的就业，学生则是选择了一种学习方式，并在选择这种学习方式后按照学校的课程安排学习，最终得以保障实习和就业。

校企合作订单培养三方协议书主要包含订单培养期限，工作时间，工作制度，劳动补贴，学生、学校、企业三方的权利与义务，以及一些其他条款。

（2）制订培养计划。培养计划是学校和企业共同商讨制订的，主要包括确定培养目标、培养模式、主干课程、培养规格。

在课程设置中，订单式培养方式的课程细化了大的学科，更加注重学生具体的操作能力，如有的学校设置了数控车床操作、数控加工程序编制、加工中心操作、机械工程图绘制等，这直接决定了学生在校期间需要学习的知识和实践的内容，也使学生进入工作岗位时能够更好地适应工作环境。

总而言之，订单式培养就是要制订有针对性的课程训练计划，以此来提高学生的专业技能，符合企业需要，确保学生高质量就业。

（3）明确培养标准。订单式培养的目标是为了培养适应生产、建设、管理、服务的第一线人才，还会结合企业的需要面向企业所从事产业的类型培养能在生产第一线从事相关工作的应用型技能人才。

（4）实施教学。订单式培养的学制通常为三年，第一学年开设的课程主要是公共基础课和专业基础课，主要包括思想品德与法律、体育、英语、经济数学、计算机等基础课程以及相关的专业理论基础课程；第二学年为专业课；第三学年则是实习和实训的课程。

课程分为考试课与考查课，用学分计算，与普通高等教育教学模式基本一致，只是在教学中会更有针对性，对于每一个专业涉及的一些资格考试也会做出相应的辅导帮助学生学习，并取得职业资格证书。

（5）企业安排就业。在这种模式下，企业主要是为订单式培养提供相应的实习设备、专业师资、技术资料及必要的资金支持，并安排接受订单式培养的学生就业。

2. 集中培训式

有些企业会与学校共同建立由知名专家参加的专业指导委员会，就学校的办学方向、人才培养进行指导，共同研究培养目标，制订培训计划，分期分步共同组建技能培训领导小组，组织实施培训。企业派遣挑选出来的职工到合作学校插班学习，分期分批地在合作学校里接受系统的正规教育与培训，从而对企业职工进行针对性较强的短期集中培训，使职工得以更新知识、提高技能。

3. 定向培养式

企业要有前瞻性的战略眼光才会发展壮大，这就需要企业必须有目的、有计划地储备各种人才。这种战略除了通过招聘来实现外，还可以通过与学校合作培养定向就业生来实现，这就是校企合作培养高技能人才模式中最为深层次的定向培养。定向培养是指学校针对企业的发展需要进行科研攻关、开发课程并经企业认同后开始教学工作，也可以采用企业提供的培训课题或计划由学校实施，旨在全面提升学生的综合素质，使其知识与能力并重、学历与就业兼收，将大学生按"工程师"级别进行培养，以期达到毕业后能在短时间内在专业岗位上独当一面的效果。这种方式是在校企一体化的理念下提出并实施的以企业为主体、学生为主导的高技能人才定向培养模式，具体实施需要注意以下四个方面。

（1）人才选拔。人才选拔通常是由企业的人力资源总监和技术专家以及学校的专业教师共同组成选拔小组，按照企业的用人标准，严格遵守公开、公平、公正的原则，从一些基础专业或者相关专业的二年级学生中将企业需要的有潜力的学生选拔出来进行专门化培养，培养时间为一年左右。

（2）培养计划。有别于其他校企合作方式的培养计划，定向培养更加注重学校和企业共同建立的培养平台，因为该平台更能够有效地沟通和整合资源。学校在确定了符合企业特色的人才培养方案和课程安排后，由企业和学校共同审核通过，然后方可实行。在教师方面，学校的专业教师教授一些理论课和基础专业课，熟知企业的兼职教师承担实践操作课，而学生在企业的实际操作岗位上完成实习。

（3）学业评价。定向培养除了要对学校学业进行评价外，还要对学生进行职业能力测试、职业兴趣测试和职业性格分析等，并且由企业人力资源管理人员根据测评结果对学生进行个性化的职业指导。

（4）管理方式。对学生实行学生员工一体化的管理模式，实习与岗前培训一体化，实习期间按照正式员工的要求对学生直接考核，实现工作和实习一体化管理，让学生提前了解工作岗位的性质，有助于其职业生涯的规划和发展。

总而言之，校企合作是经过多年探索总结出来的培养高技能人才的新路径，通过这种方式不仅可以增加人才培养数量，更重要的是可以提高高技能人才的实践技能水平，使人才可以快速地融入工作岗位当中。为了完成高技能人才培养目标任务，在未来相当长的一段时期内，要完善政府主导、企业主体、院校基础、校企合作、社会参与的高技能人才培养体系，建立校企长效合作机制，实现学校教育与企业岗位技能对接、毕业生就业与岗位用工对接，使大批技能劳动者通过这一渠道迅速成才，从而更有效地培养高技能人才，以满足经济转型的迫切需求。

（三）校企合作下的高技能应用型人才培养实践

1. 营造良好发展环境，建立高技能人才平台

（1）在全社会树立"工匠"光荣的社会理念，努力提高高技能人才的待遇，特别是

提高一线生产服务领域高技能人才的薪资待遇，并对优秀的高技能人才给予格外奖励。同时，对高技能人才激励机制给予方向性的指导，并有区别地划分出不同技能人才的薪酬等级，着力提高奋斗在一线的高技能人才的薪资水平，以增强其工作的积极性。

（2）为高技能人才的发展提供完善的保障措施，加强对高技能人才知识产权的保护，提高其科研成果的转化率，加大对其优秀成果的奖励，设立专项基金，提供高技能人才出国继续深造学习的机会等。

（3）为高技能人才创设交流机会，充分发挥和利用我国在他国的高技能人才的作用，但使其在中外合作中发挥交流媒介与平台的作用。通过邀请这类高技能人才回国讲学、在各大高校举行技术交流会等方式进行合作，将国外先进领域的发展情况或者发达国家先进的技术和设备等介绍到国内来，推动我国相关行业的发展并实现相关领域的技术突破。

2. 完善培养、培训体系，增加高技能人才数量

在高技能人才培养方面，勇于开创新机制并不断突破，以搭建校企深度合作的平台。首先，加强高技能人才实践能力的培养和训练，尽力打造真实的实践操作环境，加快以高技能人才培养为目标的生产性实训基地的建设。其次，充分发挥企业的天然优势，大力引导企业举办职业教育，或参与职业院校办学，拓展校企合作的深度和广度。在完善高技能人才培养、培训过程中，无论是企业还是职业院校对高技能人才的培养培训标准的制定和执行都要严格且严谨，以培养出达标的高技能人才。职业院校要做好招生和培养工作，在严格执行国家技能人才培养计划的前提下，因地制宜地制定符合自身特色的高技能人才培养标准，加强高技能人才的相关考核，严格实施"双证书"制度。企业要加强高技能人才的培训工作，以人才强国为己任，凭借企业自身的高技能人才队伍组建内部训练团队，以此为基地向外拓展，不断培养新的高技能人才，为人才强国、振兴国家的目标做出贡献。

3. 优化人才队伍结构，提升高技能人才质量

在高技能人才培养方面，持续优化高技能人才队伍的内部结构，使其性别结构、年龄结构、知识与技能结构、产业配置结构和地区分布结构等达到均衡。在优化性别结构方面，解决男女比例问题最直接的方式是扩大对女性的招生比例，出台与之配套的相关优惠政策，对女性高技能人才给予一定的政策倾斜。在年龄结构方面，面对青年高技能人才缺乏、现有高技能人才队伍老龄化等问题，最重要的是要发挥企业高技能人才的带动作用，实施师傅带徒弟的形式，这既有利于弥补职业院校高技能人才培养中实践操作训练不足的弊病，又发挥了企业高技能人才培养成长周期短的优势，从而能够有效地改善高技能人才的年龄结构，使我国的高技能人才队伍向中青年发展。此外，在高技能人才产业和地区配

置优化方面，首先要在招生方面准确地进行市场调研，从而判定培养专业结构的设置，进而形成有针对性的产业高技能人才培养体系。在高技能人才地区分布方面，出台更多面向高技能人才相对薄弱地区的扶持政策，努力形成相对均衡的高技能人才地区分布结构。在高技能人才知识和能力结构方面，要有严格的培养和培训体系做支撑，将学历教育和技能培训有机组合并形成合力，使高技能人才的职业资格认证真正落地。

4. 健全评价激励机制，激发高技能人才动力

（1）健全高技能人才评估体系。既要强调职业能力和工作业绩的重要性，同时也要突出职业道德和职业素质在高技能人才评估方面的重要作用。在高技能人才评估方面，不仅要突破以往的评价、选拔机制，使高技能人才的评价体系朝着多元、多样的方向迈进，还要突破和创新现有评价机制，进一步放宽年龄、职称方面的要求，打破传统论资排辈的评价体系。在评价过程中充分发挥企业特别是大中企业的作用，并在评价指标上更注重对高技能人才创新能力的考察。

（2）完善高技能人才的竞赛和评价体系。初步建立三层体系：一级为世界级高技能人才竞赛；二级为国家级高技能人才竞赛；三级为本地高技能人才竞赛，赛事举办方由地方或者企业来充当。同时，竞赛内容、评价规则应与国际接轨，这样更有利于促进中外高技能人才的交流。

企业要注重对高技能人才的激励，按技能等级给予高技能人才不同的薪资和福利待遇。除企业外，国家也可设立较高规格的高技能人才特殊基金，用以奖励和激励高技能人才创新。为了培养合格的高技能人才，加强中高职院校的衔接，打通职业学校和普通院校的培养层次是必不可少的，以院校为单位开展技能人才的竞赛，丰富高技能人才的竞赛形式，充分调动高技能人才的活跃性。

（3）优化高技能人才表彰激励机制。政府层面的表彰奖励可作为一种整体的导向，企业和社会团体的奖励表彰应起到中流砥柱的作用，以此从各个方面切实提高高技能人才的经济能力，从而激发其积极性和创新性。

关于高技能人才的鉴定评价工作也不容小觑，在现有的国家职业标准、企业发挥自主性制定的标准以及职业院校"双证书制度"的基础上，不断开发职业培训和更新认证标准，同时对职业院校的培养体系和模式不断优化，提高职业院校培养和输出人才的质量，并针对某些具有专门技能的高技能人才设立专项奖励基金及为其技术登记认证。另外，市场上的职业培训机构应规范，不合规定的机构应裁撤，从而使我国的培训合理化、规范化，同时也挖掘新兴职业，设立新的职业资格证书，丰富行业内容。

在优化高技能人才表彰激励机制过程中，需要构筑职业考核法律体系。对于职业认

证，法律法规是不可或缺的，部门规章、地方政策从而作为辅助，从而使职业认证有法可循。同时，完善高技能人才教育顶层设计，完善职业院校教师的职称评定细则，使教师可以安心教学并为培养高技能人才尽心尽力。对于企业内提任教师职务的高技能人才，可以给予双重的薪资，也可以纳入学校职称的评定。

5. 深入渗透工匠精神，培养产业高技能人才

工匠精神应固定于我们的社会职业体系之中，并在法律制度中也应有所体现，以此鼓励人才创新进取。同时，在工匠精神的激励下，我们应将所学知识转化为实际行动，特别关注重点示范院校，积极投入培养高技能人才的工作，从而在这些院校中培养出一批成熟的高级技工和技师，使工匠精神在职业院校中扎根并茁壮成长。

产业的优化升级对高技能人才的新要求不仅体现在数量上，而且在质量上的把关也更加严格。高技能人才发展规划把高技能人才队伍建设的发展目标同国家产业发展目标结合在一起，以构建一支各方面达标的高技能人才队伍，并通过技能辐射带动整个劳动者队伍的提升。产业的优化升级在质量方面对高技能人才的新要求体现在两方面：一是加强对高技能人才的培训，提升高技能人才的操作技能和理论水平；二是完善对高技能人才的鉴定和评价，严把高技能人才质量关。

6. 完善人才引进机制，吸引海外高技能人才

高技能人才的引进不仅需要企业的努力，还需要政府予以政策上的支持，大到人才迁移政策、经济刺激政策，小到具体的专利保护、公民权益的完善等。同时，政府应与其他国家达成高技能人才的双边或对边协定，以确保高技能人才的互相认可。其中，具体包括：与其他国家达成双边的协定，互相承认学历和资格证书，设立交流计划，政府设立专项基金、奖学金、助学金、贷款支持交流计划。

另外，除了高校，一些公司在职的高技能人才也是可以争取的对象，最直接的方式就是设立猎头机构专门负责高技能人才的发现和聘用。同时，放宽准入制度，因为适当放宽制度的限制对吸引高技能人才十分有利。

在高技能人才的引进方面，设立引进国外高技能人才的绿色通道，简化该类人才来华工作的相关流程。同时，加强引进高技能人才的评估工作，围绕技能等级、学历、专长、工作经历等维度构建起科学的评估体系，积极探索有效的积分制人才引进评价体系，并根据行业、地域等实际情况分类制定富有个性特点的高技能人才引进政策。

在高技能人才评价方面，参照国外高技能人才的衡量标准，提升我国高技能人才在各方面的地位，通过完善评价机制、激励机制、保障机制和成长机制，形成有利于高技能人

才脱颖而出的良好局面。

二、校企协同创新创业的应用型人才培养

(一) 校企协同人才培养概述

1. 校企协同人才培养的目标定位

(1) 校企协同人才培养的宗旨。校企协同教育的宗旨是促进区域或行业经济发展，培养应用型专门人才，适应高等教育改革与发展的要求，突出"以学生为中心，以能力为本位"的理念，在人才培养、科学研究、技术开发和社会服务等领域开展各种合作活动，通过资源互补、优势共享等方式发挥高校和企业各自的优势和潜能，促进双方共同发展。

(2) 校企协同人才培养的功能定位。作为适应现代社会发展的高等院校应积极投入经济建设的主战场，根据自身特点和优势，面向区域经济和社会发展开展全方位、多层次的校企协同创新创业教育；根据企业对人才培养的实际需求，提高创新创业型人才培养的针对性和质量，提供形式多样的社会服务和技术服务，增强对区域经济增长的辐射力和贡献率，从而为自身资源扩展、基地建设、学生就业赢得更大的可持续发展空间。

(3) 校企共同制定人才培养目标。校企协同创新创业人才培养目标的确定应由高校和企业来共同制定完成，企业应将未来发展对员工的需要反映到人才培养中，以制定准确的人才培养目标。面对经济全球化的挑战，国家和社会所需要的人才类型发生了质的改变，具有创新意识和创新能力是新时代人才质量的核心。因此，高校应与企业共同制定以培养创新精神和创新能力为核心的培养目标。

2. 校企共同实施人才培养的过程

(1) 校企教育资源共享。积极探索和推动校企协同培养模式，了解企业和市场需求，搭建校企协同对接和沟通平台，共同培养专业、职业型人才，实现资源共享。同时，加强校企协同人才培养，有利于提升企业的技术研发实力，也有利于应用型高校创建对高新技术产业的研究机制。企业为应用型高校搭建实习平台，应用型高校成为企业的技术研发合作与人才培养基地，双方共同打造"合作、互动、共赢"的校企协同综合平台。这种校企协同教育可以通过集合双方优势来共同培养企业、社会所需人才，对企业与高校育才机制的建立以及对社会公益贡献有着重大的意义；而资源共享也将企业的科技创新以及企业求人、育人机制方面发展到了一个新的高度。

资源共享还包括校企共建实验室的形式。企业投入先进的设备和技术，高校则利用其

得天独厚的实验教学条件和师资力量，实现资源共享。校企共建实验室使学生的培养和职工的培训相结合，优势互补，节约资源。校企可以根据实验内容和面对群体的不同建设不同层次的实验室。首先，面向低年级学生设置基础实验平台。主要开设课程实验及承担部分课堂教学任务，通过常规基础实验的训练，使学生掌握基本的实验理论、实验方法和实验技能。其次，为大学二年级以上的学生设置综合应用实验室。主要通过大量的开放型、创新型实验项目和各种课程，培养学生对所学知识的综合应用能力。最后，为基础较好、动手能力较强、学习能力较强的学生进行创新设计和科学研究设置创新研究实验室。主要向学生们提供较完备的实验设备和开放的实验环境，培养学生的创新思维，激发学生们发明创造的潜能。

对于具有雄厚师资力量的高校来说，拥有良好的实验、实训条件对学生的培养会有很大帮助。然而，在大量实训设备的更新、维护与保养过程中，仅依靠高校自身的力量已经远远不够，无法满足企业对人才需求的高度。目前，许多高校，特别是应用型高校还难以建立起完整的实验、实训平台，但高校一直依赖相对落后的实验设备或仿真实训容易导致学生实践能力与企业的实际需求脱轨。因此，聚集社会各界的力量，以技术服务和有偿培训服务换取实训设备资源，以此实现资源共享就是一种双赢模式。对于企业来说，技术是企业的重要命脉，而优质的员工培训对提高产品质量和生产效率以及对设备的有效利用都存在一定的好处。因此，与高校达成以实训设备换取技术服务和培训的资源共享模式，就合理地解决了企业设备有效利用、员工岗前培训等一系列问题。

（2）学校冠名企业。高等院校若想使学生更好地利用实习实践的时间，真正做到将自己所学的知识运用到实践中并从中提高自己的动手能力，可以选择与自己的专业需求相匹配并有一定技术基础的企业为其提供技术和部分资金的支持，使该企业成为学校冠名企业即成为学校的一部分。高校冠名企业成立教学工厂的校企协同形式要发挥出最大功效，首先要合理协同企业的地位，其次要优化合作机构的组成（有关行会、企业，教育局、劳动局、高校等相关负责部门的代表组成培训委员会），再次还要完善教学管理。教学工厂应设立教学经理一名，实行经理负责制，根据学生数量配备理论教师和培训教师，并在学生数量较多的情况下可以为教学经理配备助手。理论教师和培训教师共同办公，培养"双师型"教师队伍，构建与现代企业要求相适应的教学大纲和与国际标准相统一的考核体系。高校冠名企业成立教学工厂是一种新型的教学理念、教学模式，其主要特征是将实际的企业环境引入教学环境中，并将二者很好地融合到一起。教学工厂是一个综合的教育平台，同时也是一个载体，以职业发展为标准设计教学过程，在工作环境中开展教学并把专业课程的学习搬进工厂。这样，学生通过在企业环境中学习实际知识技能，成长为符合社会需求的高水平职业人；工厂在"双师型"教师队伍的带领下，在学生的辅助下完成了生产任务并节约了成本；高校在教学工厂协助下完成了教育任务，为社会培养了适应社会发展的人才。

3. 建立校企双方有效协同的机制

（1）建立校企协同的引导机制。校企双方应共建校企协同的有效机制。首先，共建校企协同工作委员会。该委员会由行业、企业、高校三方高层管理者参加，主要审议高校的培养目标、培养模式、师资队伍建设、招生、就业等问题，根据企业、行业未来的发展方向提前制订好发展规划、确定人才培养方案并以此组织进行课程改革。其次，成立技术合作开发与培训委员会。由科研能力较强的高校教师和企业技术骨干组成。该委员会主要针对企业需求进行新产品的研发、科研成果的转化以及新技术的应用。此外，在人力资源部门的协助下，该委员会对校企双方员工进行技术培训。

（2）建立校企协同的管理与反馈机制。根据协同理论，建立校企协同、统筹规划、分工负责、互相协调、自主发展的管理机制，使企业和高校实现机制上的依存、资源上的互补、利益上的双赢，确保人才规格与发展需求、办学规模与资源配置最大限度的适配性。同时，依据科学的方法对校企协同建立反馈机制，掌握协同办学过程中发现的问题，引导校企双方的协同发展，保证校企协同平稳健康地运行。

4. 转变校企双方传统观念与文化

（1）转变校企双方的传统观念。目前，我国高校现行的校企协同多数呈现高校积极、企业比较"冷"的态势。究其根本，这种态势的形成更多的是观念上的差异造成的。企业是以利益最大化为第一目标的，多数的企业对校企协同的重要性认识不足，或者说存在误区。企业的传统观念认为人才培养是高校的责任，与企业关系不大，而且参与校企协同会增加企业的负担，阻碍企业追求利润。这一传统观念严重地影响了企业参与校企协同的积极性。高校是以人才培养为最根本目标但部分高校的传统观念认为人才培养就是通过课堂教学来完成的。由于校企的传统观念不同，校企双方的协同就失去了动力，尽管有些企业已与一些高校进行校企协同，但也可以看出企业表现出来的被动和勉强的姿态。

通过对校企双方的功能和作用进行比较和分析主见，高校培养的人才最终是走向社会，为企业所用的；而企业创造的利润最终也会流向社会，由此找到了校企双方观念上的交集——服务于社会，共同为社会培养优秀的人才。同时，企业应该认识到人才培养是企业应该承担的社会责任和义务，不能单靠学校来完成人才培养；企业有责任把产业部门对人才的要求直接反映到人才培养的过程中去，从而获得企业满意的人才。另外，企业参与校企协同可以获得科技服务等利益。高校也应该意识到培养符合社会需求的人才需要企业的协助，而其作为人才培养的主体应当协助企业完成技术攻关、新产品研发等工作。高校具有研发的基本条件，无论是研发设施还是研发人员均较企业优越，同时高校向来有进行科研的职能，也有相当数量的科研成果的积累和储备，可以通过企业转化自身的科研成果而获得收益。另外，高校可以通过与企业的协同节约各种仪器设备的费用，从而降低人才的培养成本，并给学生提供了一个完全真实的技能训练的环境，而这一点是任何模拟训练都难以代替的。因此，企业和高等院校双方应转变其传统观念，认识到人才培养是双方共同的责任。

（2）融合校企文化。从高校的发展历程来看，每一所大学在办学的过程中都重视其大学文化的建设，形成深厚的文化积淀。大学文化是指大学在其长期的发展过程中积淀而成的并被全体成员认同、内化、奉行的精神要义，具有一定的实践性和认同性，属于社会文化范畴。

企业文化与大学文化一样同属于社会文化的范畴之内，但与大学文化相比较又有着自己的独特内涵。企业更多地强调自身的利益和发展，而企业文化也是围绕这一目标进行规划和建设的。企业文化是指企业在社会主义市场经济的实践中逐步形成的为全体员工所认同、遵守，带有本企业特色的价值观念，是经营准则、经营作风、企业精神、道德规范、发展目标的总和，是企业发展过程中形成的文化观念、历史传统、共同价值观念、道德规范、行为准则等。企业管理理论和企业文化管理理论都追求效益，但前者为追求效益而把人当作客体，后者为追求效益把文化概念自觉应用于企业，将具有丰富创造性的人作为企业文化管理理论的中心。

企业文化的很多内容都可以从大学文化中表现出来，二者具有很多的相似点。大学文化在不同程度上受企业、行业发展的影响，这一点在应用性较强的专业和学科中表现得尤为突出。在现代社会里，今天的企业员工是昨天在大学里学习的莘莘学子，而现代社会又是一个重视终身教育的时代，即使是在企业工作的员工也需要不断地学习和进步。在此情况下，大学文化与企业文化的有效融合和衔接可以使学生在真实的企业实践情境中感悟优秀的企业文化，切身体会到企业文化和大学文化要求的合理性、科学性，提高大学文化要求的可接受性以及内化的程度，加快学生的社会角色转化，促进大学生社会心理成熟，及早了解、把握企业和社会在文化层面上的要求，以培养未来职业人的综合职业素养和能力。

（二）校企协同创新创业人才培养体系的运行

1. 优化校企协同创新创业人才培养的体制机制保障

（1）校企协同的经费保障。随着经济和社会的逐步发展，政府、企业及高校设立校企协同教育专项资金凸显出促进校企协同的重要作用。政府可以逐步设立校企合作的专项资金，为校企合作的顺利达成和正常运行提供基本保障。此外，政府还可以通过捐赠、资助、奖励、基金等形式广泛吸纳社会资本，降低校企协同各方的成本，以鼓励企业与高校开展协同教育。同时，政府还应对校企协同专项资金的使用进行严格的监督和管理。在政府财政投入有限的情况下，高校应通过设立校企协同专项资金，支持校企协同活动的开展；高校可以通过吸收社会力量争取各类私人和团体捐助，如成立各地校友基金会、企业家基金会等，将其捐助投入校企协同教育中。企业提供经费是校企合作发展的重要保障，因此政府应鼓励企业设立校企合作专项资金，以支持校企合作的开展。例如，企业可以为协同办学的高校提供教育奖学金、助学金，为实习的学生和实践的教师提供适当的劳动报酬等。

（2）校企协同的体制保障。通过借鉴国外校企协同的成功经验，全面深入开展校企协同教育。首先，从政府层面建立校企协同教育决策委员会，主要由省、市的教育、财政部门，高校、企业和第三方服务管理机构的相关领导组成。该委员会的主要责任是确定规划和目标，协调各方资源和利益，制定和落实政策，检查和推进协同教育工程的进展，属于决策性机构。其次，在高校和企业层面建立校企协同委员会是十分必要的，该委员会主要由各院系分管领导和企业校企协同的专门负责人组成。主要负责高校与社会、高校与企业的沟通与联系，促进校企协同的深入开展，有利于节约人、财、物、信息和时间等成本，有利于及时了解掌握校企双方的需求，有利于社会资源的有效利用，从而实现校企协同各方面利益的最大化。该委员会属于执行性机构，依法要求校企双方承担社会责任，积极组织学生实习和教师实践培训，为学生实习和教师培训提供实训场地、设备设施，安排指导人员，进行安全培训等。校企协同委员会充分将高校的人才、信息以及科研优势和企业的设备等资源协调整合，使双方共同进行技术攻关、新产品开发、人才培养等工作。

2. 明确校企协同中各参与者的作用

（1）政府的主导地位。校企协同教育的根本是为国家培养高素质的人才，是推进社会进步的公益性事业。所以，校企协同人才培养能够顺利进行并得到稳固，就需要政府扮演好相应的角色，确立其相应的主导地位。由于政府有着绝对的组织优势、资源调控优势、公共管理优势，所以建立政府主导的校企协同管理体系，统筹高校与企业的资源，政府责无旁贷。政府通过统筹规划各地校企协同培养模式，保证其制定培养目标、确定培养方向、协调校企利益等工作准确无误及有序地开展，从而保障校企协同工作的顺利进行，确保学生的培养质量。

（2）行业的指导功能。行业组织是本行业职业资格标准的制定者和认证者，有权利要求所有企业必须在本区域内的行业组织登记并参与其中。行业组织应协助政府收集最新的相关岗位的就业信息，调查劳动力的现实状态、适任地区，从而对高校的专业设置和学生的职业选择提供一个明确的方向。基于其构成特性，行业组织应密切关注产业结构和岗位需求的变化，并根据相应的变化及时调整教育政策，促进政府、企业和高校之间的协同关系，减少资源浪费，提高教育质量。行业组织既可以协调政府实施各项政策法规，又可以将高校、企业方面的信息反馈给政府；既可以向高校提供指导服务，协调高校和企业在教学安排上的矛盾，又可以对其进行监督评估。

行业组织作为各家企业的指导者，有动员所属企业参与校企协同教育的功能。对于那些没有足够能力承担人才培养任务的中小型企业，行业组织可以有针对性地给予一定的帮助和指导，通过彼此的联合以及依靠大型企业的帮助参与到校企协同中来，保证行业的良好发展。行业组织有责任运用自身的地位优势，发挥其指导作用，协助政府办好校企协同教育。

行业组织在本行业中有着举足轻重的作用，受行业内所有从业人员的认可，代表了该行业的共同利益，由此对本行业的归属企业产生了一种约束力。因此，行业组织可以规范本行业的相关企业统一按照相关的章程开展校企协同教育，是政府行政支持的强有力补充。行业组织负责指导企业内部校企协同教育的相关工作，包括审查及确认培训企业的资格，缩短与延长培训时间，制定结业考试条例，组织与实施期中考试、结业考试。

我国国家级各专业的教学指导委员会均有行业组织参与，行业组织可以作为高等教育各专业的行业代表，在专业布局、课程体系、评价标准、教材建设、实习实训、师资队伍等人才培养的多个方面发挥重要的指导作用。行业组织通过指导加强专业建设、规范专业设置管理、更新课程内容、调整课程结构、探索教材创新，遵循教育规律和人才成长规律，推进高等学校的教育教学改革工作，构建适应经济发展方式转变和产业结构调整要求、体现现代化教育理念的高等教育课程体系，促进学生全面发展，培养符合社会经济发展所需的合格人才。

（3）企业的参与地位。在校企协同教育过程中，企业的利益主要体现在两个方面。首先，企业通过参与人才培养过程把产业部门对人才的要求直接反映到教学培养计划中，从而获得企业急需的人才。人才是校企协同教育的动力和核心，企业参与是以获得企业满意的人才为出发点。其次，企业参与到校企协同中，可以在新产品开发、技术改造、员工培训以及科技咨询等方面得到高校的支持。

高等教育的人才培养，不是通过课堂教学就能完成的，也不是单单依靠实验室就能造就出来的，尽管各级政府为改善学生实习、实训环境，解决大学生实习、实训困难的问题加大了投入的力度，协助高等院校建立了各类校内实习、实训基地，在人才培养过程中发挥了重要的作用。但是，很多校内基地面临着后续设备更新与改造的困难，学校难以承担所需经费；而纯消耗性实习、实训存在的问题很多，除了经费之外，学生仍缺乏实战环境的锻炼。从实验设备而言，如果采用校企协同的教育模式，可以节约各种仪器设备的费用，从而降低人才培养的成本，而更重要的是企业参与会给人才培养提供完全真实的技能实践和训练的环境场所。

现代化、规范化的企业不仅能创造利润、对股东承担法律责任，而且能对员工、消费者和环境负起相应的责任，这种责任就要求企业必须超越把利润作为唯一目标的传统理念。同时，企业文化也要与时俱进，符合现代经济的发展规律，紧握现代社会发展脉搏，强调以人为本的原则，以及每位员工对社会发展的责任。参与校企协同恰恰是企业履行社会责任，体现社会价值的重要途径。

（4）高校的主体地位。培养社会需要的合格毕业生，是高等学校服务于社会的重要职责。在人才培养过程中，高校处于主体地位，是校企协同教育的积极倡导者和实践者。校企协同应设立以高校为主体的董事会制度和校企协同委员会制度。董事会可以吸收企业第一线的资深专家、社会知名人士、商业界代表等以董事的身份参与到校企协同中来，以加强高校、企业、社会三方的沟通与交流；也可以通过定期召开董事会议和不定期召开常务会议，听取参与校企协同相关单位和部门的工作报告，并提出建设性的意见。对于高校而言，为了适应现代社会知识经济的飞速发展，实现高校的人才培养目标，开展校企协同教育是培养适应社会发展人才的必经之路。

高校在校企协同过程中应发挥积极主动的作用。但是，由于人才培养规格不同、在创新型国家战略体系中所处的位置不同，不同类型的高校实现职能的侧重点也不同。因此，研究型大学、应用型高校与高等职业院校在开展校企协同时也应采用不同的方式。研究型大学为了将科研成果服务于社会，多开展以科研为主要目的校企协同人才培养；应用型高校应以培养应用型人才为主要目的，多开展以培养学生实践能力为主要目的的校企协同人才培养；高等职业院校应以深厚的职业教育为背景，多开展技能培训，以培养学生的动手能力以及创业能力。

三、校企合作下的高职教育人才培养

（一）高职教育人才培养目标分析

高等职业院校的一切教育教学活动都是为了实现培养高技能人才这一人才培养目标，包括选择怎样的人才培养模式，制定怎样的课程体系，如何组织教学内容，如何制定人才培养标准。因此，高职院校教师应正确认识高职教育人才培养目标。

高职教育人才培养的目标可能会根据不同专家学者的表述而有所不同，但唯有一点是大家达成共识的，就是高职教育培养的是"高技能人才"。在高职教育培养高技能人才的基本目标下，不同的高职院校可以从自身实际出发，提出具体的符合学院办学特色的人才培养目标，甚至不同的专业都可以根据自身专业特点提出具体的专业人才培养目标。高职教育人才培养目标主要有以下特性。

第一，人才培养层次的高质性。我国高等教育包含了高等职业技术教育，高职教育是面向普通高中毕业生或中专、技校毕业生进行招生入学考试的，高职生与本科生在生源上是属于同一层次的，因此都具有一定的理论基础和个人素质，但同时高职教育以工科为主，学校侧重通过实际操作训练培养学生掌握某一门专门技术，学生的动手实践能力往往强于普通高等教育培养的学生。对于高职教育和中职教育来说，无论是知识面还是技术难度，前者都要比后者更为宽和深。

第二，人才培养规格的职业性。区别于普通本科教育，职业教育始终坚持"以服务为宗旨、以就业为导向"的办学方针，为社会源源不断提供高素质劳动者和技术技能人才，这是职业教育的生命线所在。职业院校紧密围绕市场，建立专业动态调整机制，及时开设市场最需要的专业，使培养出的学生在毕业后马上就能到企业承担相应岗位的工作，充分体现了职业教育人才培养的职业性特点。

第三，人才培养类型的技术性。高职教育培养的学生应该是既具有专业的基本理论知识，又熟练掌握专业专门技术，同时还具有一定的组织能力。面对现代产业转型升级对高技能人才的需求，职业院校在人才培养过程中必须兼顾技术、知识、能力和态度，从某种意义上说培养出的学生已经是复合型人才，综合素质和能力得到了极大提高。

第四，人才培养过程的复杂性。高职教育在人才培养过程中除了提供必要的课堂理论讲授外，更重要的是让学生在"做中学、学中做"，而且还组织学生到校外企业实训和顶岗实习，综合培养学生的职业能力素质。同时，聘请大量的企业能工巧匠（兼职教师）到学校上专业课，让学生及时了解掌握一线的先进理念和技术，提高动手能力。目前，高职教育加强与企业协同育人，通过校企合作共同制订人才培养方案和课程体系，共同建设校内校外实验实训室等联合培养学生。

（二）校企合作深度融合的人才培养模式

校企合作最初主要表现为：一是企业和学校一起，针对某个或某些专业一起开展人才需求调查，根据调查结果共同制订人才培养方案；二是企业和学校一起，共同制定课程体系，包括专业基础课、专业任选课、公共基础课等，还包括每学期应该开设的具体课程和课程所占学时学分等；三是企业和学校共同建设校内实验实训室和校外实验实训基地；四是企业和学校一起承担教学任务，其中专业基础课一般由校内专任教师担任，而专业课或实践性强的课由企业安排有关人员到校上课，或者学校把学生送到企业去上课；五是企业和学校一起开发编写教材，制定课程考核评价标准等。

如今，校企合作已经上升到一个较高层次的水平，无论合作的广度和深度都已经是深度融合的状态。校企合作深度融合包含了招生、就业、专业和课程设置、实习实训基地建设、师资队伍建设等方面。今天，很多高职院校已经突破传统管理模式，从学校办学体制机制、学校顶层设计的高度去积极探索更进一步的校企深度合作，依托政府、行业、企业和相关科研院所等构建校企协同育人平台体系，以提高人才培养质量。

（三）校企合作深度融合对教师人才培养的要求

校企合作深度融合的人才培养模式对当前高职院校师资队伍建设提出了新的要求，特别是对长期坚守在教学一线的高职教师提出了更高的新要求。

1. 高职教师的一般要求

（1）良好的职业道德素质。教师的一言一行时刻都在影响着学生，因此高职院校教师职业道德素质的提高更重要的是强调高职教师主体的自尊自律。

（2）精深的专业知识。作为高职院校的教师，具有较高的专业知识和技术能力是最基本的能力要求。高职院校教师只有扎实掌握所承担的专业课程相应的专业知识，包括专业基础知识、科学技术知识和专业前沿知识，才能真正提高教学水平，培养出更多技术精湛的高职人才。

（3）全面的科学文化知识。高职院校强调培养学生掌握一技之长，但对学生来讲综合能力素质是其成长成才的基础。为此，高职院校教师在传授有关专业知识的时候，补充有关的科学文化知识同样重要，这就要求高职院校教师要具备一定的人文科学、社会科学方面的知识，如懂一些哲学、政治学基本常识，掌握一定的管理学、法学和经济学方面知识，熟悉一些历史和文学艺术等知识，同时了解一些基本的生物、化学、物理、地理、天文、地质和数学等知识。

（4）深厚的教育理论知识和较强的教育教学能力。高职院校学生基础相对薄弱，作为高职院校教师面对这样的学生群体更要掌握一些教育学和心理学方面的知识，采用或制定适合高职学生的教材和授课方式，利用最新的教育教学技术，才能让学生更容易接受教育教学。

（5）创新素质。当前，市场经济发展越来越规范、越来越成熟，企业之间的竞争越来越强烈，而企业能否在竞争中求得生存和发展，"创新"起着关键性的决定作用。这种新的形势要求高校培养的大学生应该具备创新的素质和能力，因此培养高职院校学生的创新创业精神和能力成为目前高职院校的重点工作之一。同时，这种创新的要求和压力必然首先转移到作为学生指导的教师中来。所以，高职院校教师要具备一定的创新素质，包括第一时间接受新鲜事物和信息，及时更新知识、观念等，不断提高指导学生就业和创业的能力。

（6）良好的身心素质。高职院校学生的情商往往比较高，感情比较丰富细腻，这就要求作为高职院校教师的情感要更丰富，意志要更坚强，品质更具有个性，对学生才更具有号召力和影响力。

2. 高职教师的特殊要求

（1）丰富的实践经验和较强的动手能力。高职院校培养的是面向生产、管理、服务一线的高技术人才，应用性和技术性为其主要特征，因此高职院校的教师要熟练掌握专业技能，并具备较强的动手能力和较丰富的实践经验。同时，高职院校应该通过改革校内体制机制，制定完善各种激励政策，安排教师定期或不定期到企业挂职锻炼，使教师能进一步熟悉和丰富实践经验，从而能回到课堂上更好地指导学生。

（2）适应专业教学任务更新的能力。高职教育提供给学生的专业技术、知识是一种应用技术类知识。在当今社会发展迅速、企业技术日新月异的环境下，高职教育经常为适应快速改变的市场而随时调整变化专业，其专业设置具有较大的灵活性，教学内容也会根据企业的具体岗位设置要求和岗位能力需要而不断改变。在此情况下，高职院校教师具有较强的适应专业教学任务更新的能力对当前显得尤为重要，一旦当专业被调整或撤销时能尽快从以往专业的教学中转移到相近或新开设的专业的教学中去。

（3）较强的职业课程开发能力。不同于普通本科院校教育，高职院校教师应该具有娴熟的职业课程开发能力。当市场上出现新的职业岗位或新的技术需求时，高职院校教师要及时了解并敏锐地抓住这一变化，通过调查研究进行必要的职业分析和工作岗位分析，得出其知识目标、能力目标和态度目标，并针对这些目标修订讲义或开发新的教材，使课程教学能及时地满足最新的职业岗位目标要求。

（4）较高的社会活动能力和技术推广能力。校企合作深度融合需要高职院校教师与企业保持频繁、长期而紧密的联系，教师要能够代表学校或所在专业主动走出去与企业建立合作关系，从企业中获得对课程教学、专业发展有益的资源，或者进一步取得企业高层、企业技术骨干的支持帮助，而这就需要教师具有较强的策划、组织、表达和沟通等社会活动能力。另外，高职院校教师要提高服务社会的能力，必须将自己在学校的研究成果如某项研究专利、应用技术等，及时传递给社会企业进行市场化，从而转化为现实生产力。不过，如果要成功地实现这一转化，毫无疑问的是高职教师须具备较高的技术推广和市场营销能力。

（5）较高的就业和创业指导能力。高职院校教师在传授知识、训练学生技能的同时，担负着重要的职业指导和就业指导重任，即帮助学生毕业就能找到适合自身岗位的工作。当前，随着大学生就业形势和环境的改变，国家高度重视高职院校的创新创业工作，因此创新创业已成为毕业生的一项重要选择。这对高职教育提出了新的更高的要求，教师自身必须要具有较强的创业意识和较强的创新能力，才能更好地指导学生创新创业。

（四）校企合作下高职教师人才的培养

在校企合作深度融合办学背景下，实施师资队伍建设策略具有重要的理论和现实意义，而实施教师人才培养的策略又具有系统解决问题、双向互动、多渠道性、多方适应和以学生就业为导向等特点。

1. 校企合作下高职教师人才培养的意义

通过校企合作实施教师人才培养，以达到调整优化教师人才培养结构和整体提升师资队伍建设水平的目的。一是通过实施建设策略，在统筹解决问题的思路指导下，由学院层面做好师资队伍建设顶层设计，多管齐下统筹做好学校教师队伍、管理队伍和兼职教师队伍建设，实现整体提升师资队伍建设水平的目的；二是通过实施建设策略进行行动创新，有机地将学院教学团队、技术研发应用团队、社会服务培训团队和服务保障管理团队组织起来，在满足学院人才培养需求的前提下通过结合教师个人兴趣发展和技术能力水平，更好地实现教师和管理人员的个人价值以及学院和教职员工的共赢；三是通过实施建设策略建设校企合作师资共享平台，发挥企业文化引领作用，促进学校教职员工与企业人员的紧密交流沟通，在学校受益的同时无疑也提升企业的形象和促进企业创新，并最终实现双赢。

2. 校企合作下高职教师人才培养的特点

在校企合作深度融合办学背景下，实施教师人才培养策略具有系统解决问题、双向互动、多渠道性、多方适应、以学生就业为导向等特点。

（1）系统解决问题特点。高职院校校企合作办学过程中存在着很多需要不断完善和改正的地方，在此基础上实施师资队伍建设策略应该树立系统解决问题的思路，要求在开展教师人才培养时既要考虑到校内教师的培养，又要考虑到校外兼职教师的培养，除了重视做好专任教师团队建设，还得兼顾做好基础课教师团队和管理人员队伍建设，互相影响，互相促进。

（2）学校与企业双向互动。通过校企合作，加强高职院校教师和企业技术人员的沟通交流，能促使教师积累实践工作经验和提高技术能力水平；同样，企业的人员也可以通过与学校的教师交流合作，不断丰富和提高自身理论水平。另外，校企合作还可以促使双方人才互派互兼，有利于人才的双向流动，从而形成紧密的校企合作关系。

（3）来源的多渠道性。目前，高职院校教师来源单一，多数教师都是直接从其他普通高校毕业后直接过来的，有部分实验指导老师还是直接留校的，这导致高职院校教师的整体技术水平和实践能力不高。通过校企合作，高职院校可以聘请企业管理、生产和服务一线的技术管理人员来学院上专业课或指导学生实训，甚至还可以从企业的能工巧匠中引进一些人才到学校任教，从而拓宽高职院校教师来源以提高教学质量。

（4）以学生就业为导向。高职院校根据企业具体岗位要求，以学生就业为导向进行教学课程体系和教学内容设置，最终再确定需要怎样的教师来上课和指导学生实训。h通过这种方式，高职院校确定的教师才是符合专业课和实训课教学需要的，也只有这样学校培养出来的学生才能最终实现无缝就业和高质量就业。

3. 校企合作下高职教师人才培养的策略

（1）机制建设策略。校企合作深度融合背景下提升高职院校师资队伍建设水平，关键是要先通过机制建设策略，建设符合学校实际、切实可行的管理机制、评价和激励机制、经费保障机制等，最终形成学校师资队伍建设的长效保障机制。

第一，管理机制。在实施师资队伍建设策略过程中，重视建章立制，通过制度建设保障师资队伍建设取得应有的成效，并形成长效建设机制。

第二，引进、培养、评价和激励机制。为了使学校师资队伍建设的相关计划和制度得到贯彻落实，采用戴明循环管理（PDCA，即计划、执行、检查、处理）以保障建设目标的实现。实行绩效考核，对教师实行关键绩效指标（KPI）考核，对教学团队和行政部门实行目标考核。

学校不断完善"双师型"教师队伍引进、培养、评价、激励机制，如完善柔性引进紧缺人才的有关规定，教师下企业锻炼考核办法，教职员工参与社会服务的工作量核定及酬金管理办法，教学质量监控评价办法，学校教研、科研奖励办法和企业兼职教师教学系列专业技术职称评聘办法等。学校专任教师，在聘任和职称晋升上要求必须具备企业经历；行业企业工程技术人员引进后，在专业技术职称晋升上则要求必须承担学校教学及实践教学任务；学校每年拿出一定的专门经费对在"产—学—研"方面取得突出成绩的教师，以及为企业提供技术服务和培训服务并取得优秀成绩的教师给予较大的奖励，以鼓励和支持教师不断提高自身教研水平和为企业服务能力。

（2）系统统筹建设策略。在积极探索校企合作深度融合办学背景下，师资队伍建设过程应注重统筹兼顾、明确目标、突出重点，运用系统考虑问题的方法加强学校顶层设计，统筹考虑学校师资队伍建设，除把重点放在专业专任教师队伍和兼职教师队伍身上外，还要建设优化公共基础课队伍和管理人员队伍，使学校的师资队伍建设得到全面提升。

第一，提高认识，强化学校全体教职员工校企合作现代教育观。为了推动校企深度合作，首先必须转变观念。学校可以邀请国内高职教育专家学者到学校举办各种类型的讲座，强化教职员工现代校企合作教育观，如开展高职教育校企合作理念讲座、高职教育人才培养模式改革讲座、高职教育专业和课程建设讲座、高职教育教师胜任力讲座、高职教育教师教育教学能力提升讲座等。同时，学校领导层应在每学期教职员工大会和相关会议上注意强调校企合作是当前学校教育教学人才培养模式改革的重点，促使全院校上下形成校企合作办学的良好氛围。

第二，坚持学校教师"上挂下派"和兼职教师入校"两手抓，两手都要硬"。学校除了积极邀请各有关行业企业的能工巧匠到学校担任兼职教师外，还要积极创造条件主动安排更多的教师到学校合作单位挂职锻炼，或派到有关企业一线从事具体的生产、管理或服务工作，以提高教师实践能力并取得丰富的实践经验。同时，学校注重做好教师"上挂下派"宣传工作，打消教师下到企业锻炼后学校原有的位置被人顶替这种顾虑。对下企业锻炼的教师，学校应专门拿出资金进行补贴，确保他们下企业锻炼期间的待遇不低于在学校所获得的待遇甚至还要多，这样才能极大地激励广大专业教学老师下企业锻炼的积极性。

第三，注重统筹做好学校专业教学团队、技术研发应用团队、社会服务培训团队、服务保障管理团队等四支团队建设。根据学校不同教师的实际技术水平能力和自身需要，结合学校和系部要求将教师分别划到不同的团队中去，然后按照不同团队的建设思路、建设方式开展建设，达到分类建设、分别提高的目的。

（3）企业文化引领建设策略。在校企合作深度融合办学背景下，高职院校师资队伍建设应重视发挥优秀企业文化对教师的引领作用。高职院校培养的是生产、建设、管理、服务一线需要的技术技能人才，这要求高职教师不仅要具备一定的专业技能，还要具备与企业文化相适应的价值观、执行力、教育观、职业意识、专业能力等，才能在日常的教学中对学生起到言传身教的作用，从而使培养出的学生踏入社会后能尽快融入企业建设发展中去。以下内容分别探讨企业价值观和执行力对高职院校教师的引领作用。

第一，价值观对高职院校教师的引领作用。价值观是关于对象对主体有用性的一种观念，而企业价值观是指企业及其员工的价值取向，是企业在追求经营成功过程中所推崇的基本信念和奉行的目标。纵观世界500强企业，其核心价值观一般包括"以人为本、客户至上、团队精神、发展创新"等理念，而校企合作深度融合要求高职院校教师同样要有符合企业文化精髓的价值观，如运用到学校就是"以生为本、忠诚敬业"。以生为本是指教师要树立以为国家和企业培养技术技能型人才为己任的精神，像企业对待顾客一样关爱和尊重学生，与学生建立尊重、平等、公平的关系。忠诚敬业则要求教师要认同学校的文化，包括认同长期凝练而成的校训，珍爱学校形象和维护学校权益，立足本职教学岗位，走职业化和专业化道路，以最热情和最负责的态度对待教育教学工作。

第二，执行力对高职院校教师的引领作用。对于企业而言，如果想要在激烈的国际国内市场竞争中生存下来，就得依靠那种强有力的执行力去完善企业经营管理中的各种行为和应对各种潜在的风险。同样，高职院校教师的执行力对推动高职院校师资队伍建设相关政策文件落地，以及对高职院校办学任务的完成和学校的发展有着十分重要的影响。一方面，近年来教育部相继颁布了多个涉及加强高职院校教师队伍建设方面的政策文件，对规范高职院校办学行为、加强师资队伍常规管理发挥了基础性作用。但在实际工作中，一些高职院校教师对现行的政策文件落实不到位，仍处于"上动下不动"的状态，甚至少数院校的实际做法与国家职业教育改革精神和政策要求还有较大差距，而这迫切需要提高执行力使相关师资队伍建设政策文件有效落地。另一方面，这是对高职院校教师个人的要求，教师承担着教学、科研和社会服务的责任，须破除"做一天和尚撞一天钟""多一事不如少一事"的不良风气，树立时间和效率的现代观念，不断提高完成各项工作的执行力，才能应对当前高职教育对教师自身的高要求，切实承担起培养适应当前新形势的技术技能型人才的重任。

第三节　地方应用型本科人才培养模式

近年来，高校逐渐成为地方经济发展的主力军。随着高等教育大众化的不断推进，地方本科院校的数量和规模日益扩大，本科人才培养由过去的精英教育阶段进入大众化阶段。国家颁布的《关于引导部分地方普通本科高校向应用型转变的指导意见》指出，要建立以提高实践能力为引领的人才培养流程，构建产教融合、协同育人的新型人才培养模式，这种模式强调专业链与产业链、课程内容与专业标准、教学过程与生产过程的联系。课程改革以社会经济发展和产业技术进步为动力，将专业技能的基础课程、主干课程、核心课程、应用与实验实践课程融为一体，重视学生技术技能和创新创业能力的培养。然而，一些地方高校在发展过程中也存在着培养目标模糊、课程同质化、人才培养结构与产业结构调整脱节等问题。这些问题若不能尽快解决，不仅阻碍地方高校的发展，也会导致一系列问题发生，如部分本科、硕士研究生的核心竞争力不足以及就业结构矛盾日益突出等。

一、培养应用型本科人才的重要意义

第一，培养应用型本科人才是适应科学技术发展的客观需要。当今社会，科学技术的发展越来越快，跨学科特点日益显著。此外，科学技术向生产力转化需要越来越多的人力、物力，但时间需求却越来越短。为了适应科技发展的这些特点，高校的人才培养模式既要着眼于当下，也不能过于宽泛。因此，拓宽专业口径，巩固知识基础，重视交叉学科，增强实践能力，是适应科技发展趋势的合理选择。应用型人才的培养对人才的应用能力和学习能力也提出了更高的要求，因此应用型人才的培养要符合科学技术发展的大趋势和科学技术发展的客观要求。

第二，培养应用型人才是适应社会经济发展的需要。当今世界，知识经济和市场经济是影响社会发展的两大经济力量。知识经济对社会经济的影响越来越大，市场经济的发展越来越依赖于知识和技术的应用和创造。社会经济发展有力地支撑了高等教育的大众化，从而使高等教育更广泛地参与到社会的经济生产活动中来。知识经济与市场经济的结合使市场经济更加多元化，而多元化经济需要多元化的人才参与。因此，高等教育作为社会所需人才的培养机构也必须走多元化发展之路，而应用型本科人才是这两种经济需求的结合体，从而成为社会经济对高等教育的最大需求。

第三，培养应用型人才是因材施教的必然选择。在高等教育大众化的背景下，因材施教面临着更大的挑战，不仅要在教育过程和方法上体现因材施教的原则，还要在教育类型和模式上体现出来。目前，高等教育大众化进程加快，越来越多的学生开始接受高等教育，因此教育面临的学生类型、兴趣、个性、能力和专业更加多样化。当然，学生接受高等教育的目的不仅是取得学业上的成功，也是为将来工作打下坚实的基础，使自己适应社会的需要，增加个人竞争力。面对越来越多样化的学生群体，应用型人才的培养模式必须改变单一性，走向多元化。从这个意义上说，培养应用型本科人才是促进个体发展、实施个性化教学的必然选择。

二、地方高校应用型本科人才培养模式的完善策略

第一，专业设置与地方产业行业发展需求接轨。人才培养的类型影响着高校专业设置的方向，同时专业设置的情况对人才培养目标的实现也有着重要的影响。然而，面对社会发展和经济发展的新标准，原有的人才培养模式已经不能完全满足社会的发展需求，亟须新的人才培养模式来满足新的需求。目前，地方高校开展应用型人才培养，专业设置应立足于地方（省）经济发展，首要目标是适应当地产业结构的转型、发展和升级。一方面，地方应用型本科高校应充分发挥自主性，促进特色专业发展，加强与地方产业的联系。在专业设置方面，专业结构要科学合理，结合自身的目标定位和传统优势以服务地方产业发展为宗旨，并设置特色专业。另一方面，地方高校应考虑传统优势、发展特点、地方经济发展需要等因素，有些专业的培养规模过大却又不能投入实际的产业发展中，就需要进行必要的调整。应用型人才的培养应注重拓展专业知识，加强跨学科教育，提高学习能力，加强专业实践训练，而这不仅有利于横向人才培养目标"宽口径、厚基础"的实现，也有利于专业特色的发展。

第二，以能力为导向，明确应用型人才培养目标。人才培养规格是对高校人才培养质量标准的规定，也是高校人才培养的立足点和重要依据。应用型本科人才培养规格的总体要求是基础理论知识扎实、专业能力强、综合素质高，知识、能力、素质结构全面协调。在素质、知识、能力的具体要求上，可以结合本地区人才培养的需求和办学特色，丰富培养规格的内涵，创新培养规格的特色。

确立科学的培养目标即是解决将学生培养成怎样的应用型人才的问题。与传统的学术型人才培养不同，应用型人才培养有很强的特殊性，其培养目标的确立应注重动态与适用相结合。在动态性方面，社会在不断地发展进步，人们对人才有着更高的要求，因此人才培养要求也在不断变化。在适用性方面，应用型人才培养的专业设置要从当地人才需求类型和经济产业结构的实际出发，同时参照高校的实际能力确保目标性、针对性和可实现

性，实现人才培养带动地方经济转型升级的目标。应用型人才应掌握基本理论和基本技能，具有认识问题、分析问题和解决问题的能力。应用型人才的培养计划和培养目标应随着社会需求的变化而调整，而地方应用型高校培养应用型人才的目标之一是促进地方经济的快速发展。在具体培养中，要从当地产业需求和结构的实际情况出发，制定更准确的培养目标。随着社会的不断进步，人才市场对应用型人才的需求在动态变化，因而高校判定人才培养目标要遵循与时俱进的基本原则。在制定培养目标时，既要全面解读当前就业形势，又要注重识别未来社会和劳动力市场对应用型人才的需求。

第三，科学完善课程及教学体系，采用多样化的教学方式。为了实现以能力为导向的应用型人才培养目标，学校的课程设置及教学体系应科学地与职业标准衔接，要充分考虑其专业所对应的产业集群相关职业的要求。在课程选择上，适当地增加职业技能课、实践教学课以及素质拓展课的权重，注重课程的实践环节，既包括专业课的实践，也包括通识课的实践。由于每个专业都有其对应的专业标准，专业或专业群在选课时应具体参照对应职业标准的内容，使学生更好地获得相关专业能力，更好地满足就业行业的要求。

在教学方式上，灵活多样的教学方式可激发学生对专业知识的兴趣，培养创新思维和创新能力。首先，丰富教学情境，呈现多样化的教学方法。当前，传统的课堂教学形式在教学活动中占有重要的地位，其中大班制的教学模式更多是帮助学生强化基础理论知识。对应用型本科人才培养来说，采用小班制、分组制等多样化的教学方式可以使得课程灵活多样，以适应学生多样化的学习需求。参与式教学包括问题教学、项目式教学、小组研究及探究式教学等教学方式，以培养学生的求知能力和自学能力为目标，以创新的教学内容和方法设计为基点，以教师引导、学生参与学习和合作学习为主要途径。其次，理论教学与实践教学互相补充。实践教学主要是对学生动手、操作等能力进行培训，重点在于实践，但这不妨碍在理论讲授中插入实践教学的情景。培养应用型人才的重点在于培养学生将所学到的知识应用于未来工作和生活的能力，即将理论知识转化为实际应用的能力。

第四，建立科学的应用型人才培养评价体系。科学合理的理论教学与实践教学评价标准和方法是地方高校应用型人才培养质量的重要保障。根据应用型人才培养的规格要求，建立应用型专业人才评价标准及相关评价指标体系。应用型人才的培养偏重于应用能力的培养，缺乏对学生能力的评价。因此，地方高校要积极探索建立与应用型人才培养相适应的质量评价和考核体系，以增强学生自主学习能力。应用型人才培养要因材施教，注重学生个性发展，引导学生参与课堂讨论，鼓励学生提问，增加师生互动和交流，鼓励教师实施启发式教学，开展有针对性的学习活动，同时注重质量评价由内部评价、自我评价、过程评价向过程评价、社会评价、学生评价、用人单位评价的转变。

第四节　独立学院应用型本科人才培养模式

一、独立学院应用型本科人才培养模式的指导思想

第一，遵循教育教学规律，坚持知识、能力、素质的协调发展和综合提高。构建独立学院人才培养模式，全面体现"教育要面向现代化，面向世界，面向未来"的时代精神，以培养具有实践能力和创新精神的应用型人才为目的，努力吸收先进的教育思想和教育观念，大胆借鉴国内外人才培养的成功经验和模式，使学生的知识、能力、素质三者协调发展。同时，培养学生良好的思想素质，强烈的民族自豪感和社会责任心，以及为国家经济建设和社会发展服务的基本本领。

第二，遵循学生身心发展规律，坚持按需施教和因材施教。学生对大学生活逐渐适应后，学习心理属性逐渐成熟，在学习意向上逐渐显现出职业性和实用性的特点，即对学以致用的追求。"独立学院人才的培养就要充分考虑学生对不同专业的选择的需要，实施教学，以达到学用一致的要求。"[1] 由于学生都有自己的生活环境、成长经历、个性特点和内心的精神世界，高校对学生的教育必须有的放矢、因材施教，只有如此才能把社会的客观需要转化为学生的主观意愿，充分调动学生的主观能动性。

第三，遵循社会需求导向。不同类型高校，尤其是独立学院，在构建各自的人才培养模式时必须适应市场需求，以市场需求为导向。专业设计、课程设置要与经济社会、区域产业结构紧密结合，与社会的需求结合。独立学院属于教学型高校，对应用型人才的要求要有一定的理论基础、有较强的动手能力和实践创新能力。

第四，体现终身教育思想。终身教育思想作为一种新的教育观念，强调高等教育应注重对学生能力的培养，强调学生应该在接受高等教育期间掌握工具性的知识、学习技能以及综合性和整体性的知识结构，同时教师应该教会学生学习的方法，使学生克服"上一次大学管一辈子"的一次性教育思想。

---

① 邵红，黄镇宇，万玲莉. 应用型人才培养的理论与实践 [M]. 武汉：武汉出版社，2012：25.

二、独立学院应用型本科人才培养模式的实施策略

（一）转变教育观念是推进应用型本科人才培养模式的基础

独立学院是教育改革中的新生事物，是按新机制、新模式建立起来的学校。办好独立学院，就应该转变教育观念，明确其办学指导思想、思路、定位、目标，只有这样才能办出自己的特色。独立学院办学要提高对高等教育发展形势和学校地位的认识，提高对现代高等教育思想观念的认识，提高对教学水平评估与学校生存发展关系的认识，提高对独立学院教职员工所担负的历史责任感和使命感的认识。在学校的专业设置上，独立学院要有特色、有品牌。独立学院办学是由市场主导产生的，因此专业设置上就需要把握市场的特点，根据市场的需求设置有特色的、能够长足发展的专业，并建立有特色的品牌专业。同时，市场的导向作用必然会为学生提供更多的学生实习锻炼的平台。学生的综合素质的提高不单是文化知识的学习，特别是独立学院应该面向社会需求以就业为导向培养学生，使学生走出校园后能够顺利走向工作岗位。因此，学生在校期间多参加社会实践，提高工作能力和综合素质；而学校就需要给学生提供社会实践的平台，加强与校外的企事业单位团体的合作，利用社会资源给学生提供锻炼的机会。另外，学校应该在学生的就业指导工作上下功夫。毕业生就业指导工作是一项艰巨的任务，因此学校的就业工作要建立一支从就业指导办公室到学生辅导员、班主任的队伍，从学生进校开始就对学生的就业加以指导，帮助学生制定职业生涯规划。在学生就业前，学校就业指导工作应深入社会，加强对本学院的学生的宣传，并召开供需见面会，为学生提供就业机会和就业心理指导。

（二）加强师资队伍建设是推进应用型本科人才培养模式的重点

第一，根据学院自身定位引进人才。每所高校都有自己的定位，学校要按照自身的定位去物色人才，而不能盲目地引进人才。独立学院这一新生事物本身就是市场竞争的产物，自诞生之日起就投身于教育市场的竞争之中，而认清定位是独立学院生存发展的基础。目前，各独立学院均属于教学型学校，急需引进资历深、知名度高、责任感强、业务精湛的一流人才。

第二，营造良好环境，稳定教师队伍。随着全员聘任制的逐步推广，今后公办、民办企业在人员使用上的区别将逐渐缩小。因此，独立学院要强化师资队伍，在完善保障体系、创造学术氛围、提高教师待遇等方面进一步努力，让教师安心、放心、尽心地工作，可以更充分地实现自身价值，从而稳定教师队伍。

第三，建立"双师型"高素质教师队伍。"国家的未来发展看教育，教育的发展看教师。"素质优良、结构合理、专兼结合，是对应用型人才培养师资的特殊要求。应用型人才培养模式中课程模块的高度综合化、立体化以及专业课程理论的复杂性对教师综合素质提出了更高的要求，而成功开展与国家职业标准接轨的应用型专业教育离不开一支得力的"双师型"教师队伍。

由于独立学院大部分专业的教师都毕业于以基础理论教育为主的"传统大学"，实际动手能力往往不够强，因此除了要注意在日常工作中培养和锻炼教师解决实际问题的能力，应鼓励教师在行业组织和机构中兼职，考取各种相关资格证书，从而使他们尽快成长为"双师型"教师。独立学院要努力提高中青年教师的专业实践能力，使他们既具备扎实的基础理论知识和较高的教学水平，又具有较强的专业实践能力和丰富的实际工作经验如从一线工程技术人员和管理人员中选择教师，经过教学培训后承担理论教学与实践课程实施工作。此外，聘请一批相关行业部门和政府机构的高水平管理人员和技术人员作为兼职教师或顾问，实行专兼结合，改善学校师资结构，适应专业变化的要求，对"双师型"教师队伍起到一定的补充作用。各级教育行政部门和行业主管部门要为"双师型"教师队伍的建设创造条件，利用校办企业或研究院所为专业教师参与实践提供帮助，使独立学院的专业教师有更多的机会到实践中学习锻炼以获取实践经验，并将行业最新发展动态纳入教学中，从而建设一支适应专业应用型人才培养的"双师型"教师队伍。

（三）加大教学设施建设是创新应用型本科人才培养模式的物质基础

改善设施、加大投入是特色培育的必要条件。例如，加强实验室建设和实习基地建设，使学生形成结合理论解决实际问题的能力；加大多媒体教学和网络教学设施的投入，以此来支撑教学改革的实施和办学特色的培育。

实验室建设以质量为主线，以提高人员素质为重点，以优质服务为目标。因此，先进的指导思想、良好的行为策划、正确的运营机制、过硬的技术队伍是实验室立足社会和稳定发展的基础。独立学院的实验室要重视和加强基础研究，大力推进学校知识创新和技术创新。实验室作为知识创新体系的主要创新单元和重要载体理应发挥积极作用，但是在建设过程中碰到了各种问题，阻碍了实验室的发展。因此，进一步加快实验室建设与发展步伐的关键在于明确定位与目标，组建合理的人才结构，建立内外协调的良性循环运行机制或管理体系，而且不同学科、不同特色的实验室要有不同的定位与目标，逐步培育并形成与实验室发展方向相关的产业链。

独立学院要时刻保证运行机制灵活，发挥人才核心作用，促进交流，提高经费、设备的使用效率。根据独立学院的办学机制和培养目标全面修订实验室建设与管理规章制度，逐步形成规范化管理的实验室工作体系，力争以科学的管理手段和制度建设来挖掘学校现有的教育教学资源并发挥其最大效能。实行实验室开放既可以为学生提供更多的实践学习条件，提高学生参与科学研究的兴趣，促进创新人才的培养，又可以充分发挥实验室现有资源，提高仪器设备的利用率。实验室开放的具体形式可以是学生参与科研型、学生科技活动型、自选实验课题型、计算机应用技术提高型和人文素质与能力培养型等，采取以学生为主体、教师加以启发指导的实验教学模式。为推动学校实验室的进一步开放，学校可以专门设立实验室开放专项基金，以项目化形式开展实验室开放活动，鼓励和支持实验技术人员和教师积极开展实验工作，并对实验室综合效益进行科学的评估，将评估结果与实验室的投入有机地结合起来是促进独立学院实验室投资效益提高的有效手段。

（四）提升学校管理水平是应用型本科人才培养模式的质量保障

建立完善的人才培养质量监控和保障体系，是保证独立学院人才培养质量的重要工作。独立学院人才培养质量保障体系是指与独立学院人才培养质量保障有关的基本要素互相联系、互相制约而构成的整体。根据实施主体不同，人才培养质量保障体系分为宏观的体制层面和微观的院校层面。宏观的体制层面也称外部人才培养质量保障，包括政府对独立学院人才培养质量的评估和社会中介机构对独立学院的排行；微观的院校层面也叫内部人才质量保障。独立学院人才培养质量的外部和内部保障应结合起来共同发挥作用，而如何构建独立学院人才培养质量保障体系是促进独立学院健康、良性发展所面临的一个新课题。

第一，优化内部质量保障机制。独立学院内部要有相应的教育质量监控体系，内部质量保证机制能够把住源头，并在过程中保证独立学院的有序运作。因此，独立学院应建立教学质量管理体系和规章制度，建立教学质量督导体系，完善校内的教学质量评估考核指标，建立一支高素质的具有专门评估知识的教学质量管理队伍。独立学院可以根据教学过程的环节把人才培养监控分为教学前监控、教学过程监控和教学后监控，同时在教学质量的监控过程中通过对反馈信息完善监控体系建立激励和约束机制。一方面，建立有效的教学活动激励机制。通过对教学、科研成果奖的评选，充分调动教师从事教学研究和教学改革的积极性，激励和鞭策教师不断提高课堂教学质量。另一方面，建立规范的教学行为约束机制。建立科学与严格相统一、灵活与有序相结合的教学管理制度，使各项教学活动和教学环节实现有法可依、有章可循。随着高等教育大众化的逐步推进和招生规模的扩大，以及学校办学条件的改善，独立学院必须构建全面的质量监控体系，即生源质量、教学过程质量、教学管理质量、毕业生质量监控，以最终的人才质量来审视和反思学校的教学质量，并将近期评价和长远评价结合起来。因此，毕业生质量调查将是整个监控体系不可或缺的环节，而独立学院应建立毕业生质量跟踪调查制度，并根据调查结果进行教学改革，如拓宽专业结构、调整教学计划、改善课程设置等。

第二，加强社会机构对人才培养质量的评估。应用型人才培养质量最重要的衡量标准就是能否满足职业能力的需要，因此政府应提倡学校与地方行业共同组建专业指导和评估委员会，促进质量评价社会化、行业化。为此，政府要把毕业生专业基本对口的就业率，作为衡量教学质量和办学效益的主要依据，实现评估标准与职业需求的统一；充分重视质量评估的制度化建设，建立长效机制，定期对独立学院人才培养质量进行各个层面的检查、评估和指导，并对评估的时间、人员的构成、规程、内容、标准与要求做出详细的规定，同时建立严格的结果反馈机制与问题纠正机制及时解决评估中发现的问题，以评促建；注重对评估体系本身的完善，及时对不合理的部分做出必要的修正，对评估标准适时调整以保证人才培养目标的顺利实现。目前，社会民间机构一般会在一定指标体系的基础上对独立学院办学情况进行排行，它能及时将社会对人才培养的要求、毕业生的就业状况及其他有关信息直接或间接地反馈给学校，使学校及时了解经济和社会发展对人才培养提出的要求，以确保人才培养质量。

对于独立学院来说，能否处理好外延发展与内涵提高的关系是办学指导思想是否端正的检验标准之一。独立学院的外延发展一般指学校占有的土地面积、学生数量、对外合作情况等要素，内涵一般指学校的教学质量、管理水平、队伍建设、后勤服务等，而没有外延就谈不上内涵。现在，我们面临的问题是，独立学院的决策者和领导者如何在一定外延条件的保证下把工作重心和注意力转移到内涵提高的轨道上来，切实加强教师队伍建设，实施规范管理和科学管理，提高服务质量，从而保证人才培养规格的提高。这是一项事关长远、事关未来的战略思想的体现，不能一味地追求外延扩张而忽略了内涵提高，失去了进一步发展扩大的根基，特别是当前在学习实践科学发展观的时候处理好外延发展与内涵提高的关系更具有重要的现实意义和深远的历史意义。

（五）丰富校园文化是创新应用型本科人才培养模式的基石

校园文化建设是高校内涵发展的根基。校园文化是一种潜在的课程，它以营造文化氛围的方式在培养学生知、情、意、行的过程中起到潜移默化的作用。校园文化建设水平是学校发展水平的标杆之一，它以文化特有的导向、熏陶功能激励和推动着学校办学各方面品位的提升。校园文化具有鲜明的导向功能，是扩展高校育人功能之所在，是不断提升校园环境品位的必由之路，也是独立学院校发展的紧迫任务之一。

独立学院校园文化建设的定位决定了校园文化建设的内涵。独立学院文化底蕴薄弱，但又亟须形成催人进取、昂扬奋进的校园文化氛围，还要紧密结合地方实际并利用地方文化资源培养出高质量的人才，以及培育自己的特色文化，而这些难题的存在在一定程度上置独立学院校园文化建设于尴尬境地。独立学院要营造出与自身发展相称的校园文化，必须在校园物质文化、制度文化、行为文化和精神文化四个层面上渗透大学的学术属性和地方文化属性，突出院校特色。

第一，提高物质文化建设的意蕴。物质文化是校园文化的外层表现，根植于校园建筑物、橱窗、校园绿化、环境卫生等各种物质环境中，而良好的物质文化对大学生的成长起着"润物细无声"的作用。目前，独立学院校园物质文化建设存在经费投入不足或设计理念落后的难题。在这样的背景下，围绕校园文化建设的定位，以先进的理念指导建设富于意蕴的校园物质文化尤其重要。一是校园物质文化环境要体现出学校的优秀传统、办学精神及地方人文特色，以激发起师生爱校、护校、建校和服务地方的热情；二是校园物质文化环境要整洁、优美、大方和高雅，使活动于大学环境中的个体成员能领悟、感受到学校的良好氛围；三是校园物质文化环境还要以橱窗、板报、广播电视、网络、各类校园报刊等为载体营造积极向上的环境，熏陶、感染、引导、教育、激励广大师生奋发向上，帮助他们树立正确的价值观、人生观和世界观。

第二，加强制度文化建设。制度文化是一门隐性德育课程，从更深层面上说，制度文化能给师生带来独特的管理和教育理念。独立学院短暂的本科办学历史及其升格后的发展诉求凸显了加强制度文化建设的迫切性因此独立学院亟需加强制度文化建设。一是要培育高校的管理理念和模式，建立和强化校、院（系）分级管理模式；确立以学术为本的原则，弘扬学术价值，树立以学术为中心的校园文化的核心地位；确立以"教为本"的政策导向，提高教师地位。二是创建、完善与严格执行教与学的规章制度，培养优良的教风与学风；要建立健全教学质量监测和保障体系，规范教师教学工作，保证教学的中心地位；围绕"三个课堂"（第一课堂、第二课堂和宿舍）同时抓的目标，创建相关制度，营造良好的学习氛围。三是建立和落实与地方定期交流制度，开展对地方的调查、交流，了解地方经济社会发展对高等教育在专业设置、科研合作和人才培养等方面提出的要求，从而自动地调整专业布局和服务方式、方法，真正实现服务地方经济的目标。四是要在制度建设中弃"官本位"扬"学本位"，即在制度建设中坚持"能力本位"，摒弃论资排辈和"官本位"倾向；保障学术自由，保障学术队伍尤其是优秀学者的权益，使其成为校园利益分配过程中的最大受益者。

第三，提升行为文化的品位。行为文化是校园文化的动态层面，体现校园文化的独特风貌。独立学院校园文化建设中要注重利用学校的各种文化阵地开展多种高品位的文化活动。一是积极鼓励、引导和支持学生社团的文化活动，通过"文学社""书法协会""读书协会"等学生社团举行形式多样的学术活动，提高学生的人文素质，营造校园文化氛围。二是组织各种学术交流和知识讲座，定期或不定期邀请专家、学者、英雄模范人物给学生进行学术讲座，重视高雅文化的宣扬。三是开展文化服务地方活动，更好地实现"产—学—研"结合，如成立专门研究所研究当地文化、名人，围绕当地的经济特色进行科技攻关，发挥自身优势送科技、文化、知识下乡，与当地政府、企业签订合作协议以实现双赢等。

第四，弘扬以追求真理和特色发展为核心的校园精神文化。精神文化是校园文化最深层次的东西，是校园文化的核心。独立学院要建设既符合自身发展又独具特色的精神文化。一是树立"大学"的理念，即培育"信真、叙真、求真"的科学精神，注重通过人文教育来塑造心灵和完善人格，营造科学、民主、宽松、自由的学术环境，建立科学、合理、完善的制度。二是树立"地方"的理念，即树立以地方为依托，扎根于地方经济与生产建设需要的理念；树立以地方特有的文化底蕴为依托，为地方经济社会发展提供广泛的社会服务的理念；树立以地方经济社会发展需要为导向，建设特色专业和学科的理念；树立建设重点学科和特色专业所需要的师资队伍的理念。

第五节　产教融合下高校应用型人才培养模式的构建

人才培养是高校的基本功能和根本任务，也是高校建设的核心内容。高校要充分发挥人才培养功能、提高人才培养质量，改革人才培养模式就是其必由之路。当前，国家正在引导部分地方普通本科高校向应用型转变，使"教育目标和质量标准更加对接社会需求"。应用型专业培养的人才要想真正做到管用、能用、用得住，就需要适应社会、地方、企业、行业的需求，走"产教融合""校地（企）共建"之路，达到应用型人才的培养目标，完成人才培养计划的任务，而这也是培养以能力为本位、以社会需求为导向的应用型人才最核心、最有效的途径。在此背景下，高校构建适应"产教融合""校地（企）共建"的人才培养模式，就成为应用型专业人才培养的必然路径和必然选择。

一、产教融合下高校应用型人才培养模式构建的目标定位

人才培养目标定位是高等教育培养人才的前提。学校办教育，首先明确要培养什么样

的人才，然后再搞清如何培养，这是办教育的两个基本问题。其中，第一个问题确定自身人才培养的目标定位，并据此拟定人才培养的质量标准和方案；第二个问题解决采用怎样的方式、方法、途径等开展教育教学，实现培养目标定位。人才培养目标定位就是学校办学的顶层设计，是学校和各专业首先要确定的问题。在产教融合背景下，高校的应用型专业就是要培养应用型技术技能型人才，但在设定具体目标定位时需要结合以下四个方面的实际情况来确定。

第一，目标定位要基于学校自身基础。不同类型的学校与专业担负着培养不同类型人才的责任。高校应分析自身实际，明确自身定位，以此作为确定人才培养目标定位的基础，同时将学校历史文化底蕴、学科专业特点、办学资源优势纳入其中。综合可见，这也是学校可持续发展的要求，是实现学校特色发展、差异化发展的必由之路。

第二，目标定位要适应行业产业需求与发展。大学的功能之一就是服务社会，而大学的人才培养也要通过服务社会来实现，最终目的是为行业产业服务，提高生产力水平，促进生产力发展；如果学校脱离行业产业发展需求，就会失去其存在的价值与意义。因此，人才培养的目标定位要适应行业产业的需求与发展，这样才能培养出实用、管用、用得上、用得住的人才，以保障行业产业的发展动力。

第三，目标定位要基于"校地（企）共建"。"校地（企）共建"是产教融合人才培养的形式，是实现应用型人才培养最直接的措施。"校地（企）共建"实现了学校与地方（企业）的无缝对接，可以有目的地将地方（企业）发展的任务目标、发展愿景、人才需求、文化背景等融入人才培养目标中去。"校地（企）共建"要考虑如何充分发挥企业生产实践一线应用的优势，将学生的实践环节、创新创业、就业教育等放在地方（企业）内开展，激发学生学习的内在动力，以极大地增强学习的实效性。

第四，目标定位要基于区域经济特色。地方（企业）需要的人才是和地方区域经济发展紧密结合的，因此在产教融合背景下的应用型人才培养也要适应地方区域经济特色。这样，高校培养的人才才能有用武之地，才能适应地方经济发展，尤其地方高校更要注重基于区域经济发展状况进行培养目标定位。

二、产教融合下高校应用型人才培养模式构建的对策研究

（一）改革人才培养模式

改革人才培养模式，应深化产教融合、校企合作，使学校培养目标和企业需求对接，增强应用型人才培养的针对性和适应性；服务区域经济和产业发展、技术研发、产品开

发，齐心合力加快产业高端、优质、高效化发展。首先，打造产教融合发展平台，构建校企合作、资源共享、协同创新对接、"政产学研用"结合的人才培养模式；依托学院和合作单位优势，积极搭建合作育人平台。其次，立足区域经济社会发展的人才需求，结合地方行业、产业结构及基础，与地方政府、企事业单位建立全面的战略合作关系，共建面向当地行业、产业技术需求的研究院等合作育人平台，发挥科技创新能力和实践应用能力培养的功能，形成"以点带面、重点突出、优势互补"的产学研合作育人的新格局；创新人才培养模式，推进学校学院转型发展。再次，校企共同修订人才培养方案，改革课程体系，纳入行业产业需求的理论、科技与技术；搭建实践育人平台，打造"双师型"教师团队和创新创业教育平台，健全教学质量保障体系，提升学院教学质量。最后，构建起高校和地方行业企业共建的由培养方案、课程体系、实践体系、创新创业、质量保障与评价等组成的"政产学研用"相结合的人才培养模式。

第一，培养方案。高校应紧紧围绕确定的人才培养目标，坚持"育人为本，德育为先，能力为重，全面发展"的办学理念，紧密结合经济、社会、科技、文化发展形势和人的全面、协调、可持续发展要求，着力创新人才培养模式，优化课程结构，构建高素质应用型专门人才培养体系。应用型人才培养模式改革，以"德智体美劳"全面发展，促进学生知识、能力、素质协调发展等为原则，同时考虑区域经济、行业企业特点和学生个性等进行多元化设计，力争实现"政产学研用"一体化培养目标和要求。

第二，课程体系。课程是实现人才培养目标、培养规格和落实培养方案的具体形式。在素质教育、专业教育、创新创业教育等方面，要实施课程化管理，制定课程教学大纲、质量标准、考核体系，增强教育的针对性和有效性，提高学生学习的自觉性和主动性。

第三，实践体系。实际动手能力是应用型人才能力结构的关键组成部分，因此实践教学就显得非常重要。高校要实现产教融合下的应用型人才培养目标，达到培养规格的要求，满足能力强、适应快、上岗能用的行业企业需求，就需要建立完善的实践教学体系。应用型人才培养强化实践教育，一是要正确处理理论与实践、教学与科研等关系，构建课内与课外、校内与校外、专业内与专业外等全方位的实践教学体系，科学合理地设置实验课程、实践环节；二是要加强与地方、行业、企业的沟通和对接，强化实习、实训、实践基地的合作与共建力度，积极探索专业实习、实训新模式，实现各环节的无缝对接，保障学生综合能力的提高。

第四，创新创业。创新创业教育是培养学生综合能力的重要环节，要结合专业目标、学生特点制定适宜的创新创业体系，使学生更加适应社会、行业、企业需求，并具备"双创"精神和能力。在"双创"体系构建上，形成"双创"通识教育、"双创"专业知识、

"双创"训练、"双创"实践活动四位一体的架构体系，并在点燃"双创"激情、激发"双创"活力、夯实"双创"基础、参与"双创"实践、形成"双创"能力上科学设置"双创"课程。

第五，质量保障与评价。产教融合背景下的应用型人才"五位一体"培养模式环节多、参与范围广、过程较为复杂，构建科学合理的评价体系对保证教学质量十分重要。因此，高校要建立专业人才协同培养的领导组织机构，培养单位要协同拟定培养环节、定位目标、培养标准，由此建立与此相适应的评价体系。

（二）改革传统教学模式

第一，课堂教学。改革传统课堂教学模式，采取多种教学方法，完善现代教育技术下的课堂教学，构建混合教学模式；突破课堂"满堂灌"模式，建立以教师为主导、学生为主体的教学模式；充分利用视频、图片、表格等使学生获得感性认识，强化师生互动，组织开展分组讨论、上讲台讲课、学习台知识抢答、思维导图演示等多种形式的教学稍大动，激发学生学习活力，提高学生参与学习的积极性。

第二，校内实践。在课堂学习的基础上，学生在校内进行初步实践，掌握基本的操作能力。校内实践分为课内、课外两部分。课内实践主要是实验室的实验实训，结合专业和课程实际，设计验证性、设计性及研究创新性等不同类型的实验实训，让学生在实验室内或实训操作间内完成。课外实践主要是参与学科竞赛和创新创业大赛、参加教师科学研究、听取学术报告和职业讲座等，这些实践活动都可以提高学生的动手能力、专业素质、分析和解决问题的能力。

第三，实时课堂。学校应建立专业及课程教学的实时课堂，通过互联网将企业生产现场传输到课堂，在课堂上可直接观察到生产现场的环境状况、工艺流程、机械设备、生产管理等，使学生对生产实践有更加明确的学习和掌握。

第四，基地教学。这是教学中校外教学的部分，即把学生带到校外教学基地开展教学，主要由基地设计或生产人员进行。一是对生产一线的设计、生产等理论基础的教学，特别强调实际设计、生产理论与课本理论的结合与区别，强化学生理论联系实际的能力；二是突出生产设计、生产环境、生产工艺流程、生产管理等的教学，也使学生在课堂上对生产实际的空洞化想象变为实际现场，并对学生课堂上产生的疑问进行解答。

第五，网络课堂。学校应充分利用"互联网+"，建立网络课堂资源库，并将教学视频、课程讲义、问题讨论、模拟测验、参考书目、重要网站等列入网络课堂空间，从而使学生可通过网络深入学习。

参考文献

[1] 崔益虎，郭万牛，陈同扬. 高校创新创业人才个性化培养的模式及其拓展 [J]. 教育探索，2016（12）：61-64.

[2] 戴维，包艳宇，尹秀玲，等. "双师型"人才培养模式的构建与实践 [J]. 河北科技师范学院学报（社会科学版），2009，8（1）：20-23+35.

[3] 杜晓光. 工匠精神视角下高职"双师型"教师队伍建设 [J]. 教育与职业，2020（22）：109-112.

[4] 顾志祥. 产教融合型企业建设的政策演进与路径优化 [J]. 教育与职业，2020（14）：56-61.

[5] 郝赫. 新工科背景下高校产教融合人才培养模式探究 [J]. 科教导刊，2023（9）：7.

[6] 贺星岳. 现代高职的产教融合范式 [M]. 杭州：浙江大学出版社，2015.

[7] 华婷. 高校"产教融合、校企合作"的困境及出路 [J]. 中国高校科技，2017（11）：56-57.

[8] 黄安生. 高校教师思想政治教育能力的提升路径 [J]. 中外企业文化，2021（5）：102.

[9] 黄艳. 产教融合的研究与实践 [M]. 北京：北京理工大学出版社，2019.

[10] 贾文胜，梁宁森. 基于校企共同体的高职院校"双师型"教师队伍建设 [J]. 中国高教研究，2015（1）：92-95.

[11] 蒋培红，李俊叶，曹春泉，等. 产教融合背景下高校应用型专业人才培养模式的构建 [J]. 教育教学论坛，2019（32）：44-46.

[12] 蒋新革. 新时代高职产教融合路径研究：以"入园建院、育训结合"为特征的产业学院育人模式研究 [M]. 广州：中山大学出版社，2021.

[13] 李军鹏，徐航，吴紫薇. 新时代高校教育的发展与创新 [J]. 食品研究与开发，2021，42（20）：252.

［14］刘学普. 基于校企合作的高职网络技术专业"双师型"教师队伍建设［J］. 教育与职业，2016（19）：75-77.

［15］卢立红，邓瑾. 产教融合视域下高职院校"双师型"教师队伍建设现状及对策［J］. 职业技术教育，2021，42（26）：45-48.

［16］罗丽，涂涛，计湘婷，等. 产教融合背景下开展高校人工智能师资培训的实践探索［J］. 计算机教育，2021（6）：110-114.

［17］闫枫. 产教融合视野下高校双创人才培养策略研究［J］. 湖北开放职业学院学报，2022，35（6）：5.

［18］吕海舟，杨培强. 应用型跨界人才培养的产教融合机制设计与模型建构［J］. 中国大学教学，2017（2）：35-38.

［19］秦凯. 新时期高职院校"双师型"教师队伍建设［J］. 教育与职业，2016（6）：65-67.

［20］任聪敏. 职业教育产教融合的发展演进、形成原因与未来展望［J］. 教育与职业，2021（4）：25.

［21］邵红，黄镇宇，万玲莉. 应用型人才培养的理论与实践［M］. 武汉：武汉出版社，2012.

［22］孙冬营，李洪波. 产教融合背景下地方高校创新创业人才培养模式研究［J］. 兰州教育学院学报，2018，34（12）：83.

［23］陶秀伟，鲁捷. 高职创新型人才培养研究［M］. 沈阳：辽宁人民出版社，2010.

［24］汪焰. 产教融合与校企一体化的路径分析［J］. 浙江工贸职业技术学院学报，2015，15（2）：1.

［25］王晓刚，冯玮. 高职院校"双师型"教师队伍建设存在的问题与对策［J］. 教育探索，2013（5）：96-97.

［26］王彦如. 职业教育产教融合的发展变革、困境及深化策略［J］. 常州工学院学报，2021，34（5）：87.

［27］王颖，陈星宇. 产教融合视野下实践课程体系改革探析［J］. 产业创新研究，2020（10）：195.

［28］吴显嵘. 产教融合视角下高职"双师型"教师队伍建设［J］. 河北职业教育，2019，3（5）：25.

［29］徐俊，朱玉琨，胡浩威，等. 独立学院人才培养"双师型"指导模式研究［J］. 质量与市场，2020（19）：154.

[30] 薛勇. 产教深度融合：高校人才培养模式的制度生成［J］. 中国高等教育，2020（10）：58.

[31] 闫克，马宁. 产教融合赋能“中文+职业技能”“双师型”教师人才培养新模式［J］. 吉林省教育学院学报，2023，39（2）：1.

[32] 余蕾. 数字化背景下高校产教融合的人才培养策略［J］. 产业创新研究，2022（16）：185.

[33] 张茜茜，李顺祥，杨莉. 高校创新型人才个性化培养的路径研究——基于自适应理论学习［J］. 科技风，2022（15）：144-146.

[34] 周洪波，周平. 高校应用型人才培养机制创新研究［J］. 高教学刊，2017（19）：19.

[35] 周倜. 坚持产教融合，推动高校人才培养机制创新［J］. 文教资料，2018（33）：89.

[36] 邹松林. 产教融合生态圈的建设路径研究［D］. 南昌：江西农业大学，2016：16-18.

[37] 左彦鹏. 高职院校“双师型”教师专业素质研究［M］. 广州：暨南大学出版社，2017.